돈이 모이는 사람들의 습관

돈의 흐름을 바꾸는 작은 선택들

돈이 모이는
사람들의 습관

이성복 지음

다온길

프롤로그

돈이 모이는 사람들은 무엇이 다를까

사람들은 종종 이렇게 말한다. "돈이 모이는 사람들은 특별한 능력이 있는 것 아닐까." 어떤 사람은 투자 감각이 뛰어나고, 어떤 사람은 사업을 잘해서 돈을 번다고 생각한다. 물론 그런 경우도 있다. 하지만 우리가 주변을 조금만 천천히 살펴보면 흥미로운 사실 하나를 발견하게 된다. 돈이 모이는 사람들 가운데는 특별히 많은 돈을 버는 사람이 아닌 경우도 꽤 많다는 것이다. 오히려 평범한 생활을 하는 사람들 가운데서도 시간이 지날수록 차분하게 돈이 모여 있는 경우를 종종 보게 된다.

한 번은 이런 이야기를 들은 적이 있다. 같은 회사에서 비슷한 월급을 받는 두 사람이 있었다. 두 사람 모두 큰 차이가 없는 생활을 하고 있었고 겉으로 보기에는 특별히 다른 점도 없어 보였다. 그런데 몇 년이 지나고 나서 둘 사이에는 꽤 큰 차이가 생겼다. 한 사람은 늘 돈이 부족하다고 말했고 다른 한 사람은 조금씩 여유가 생기기 시작했다. 흥미로운 점은 두 사람이 받는 월급이 크게 달라진 것도 아니었고, 특별한 투자를 한 것도 아니었다는 사실이다. 차이가 있었다면 단 하나였다. 돈을 바라보는 방식과 선택의 기준이었다.

우리는 보통 돈의 차이를 수입의 차이에서 찾으려고 한다. 더 많이 벌면 더 많이 모일 것이라고 생각하기 때문이다. 하지만 실제 생활을 가만히 들여다보면 꼭 그렇지만은 않다. 돈은 단순히 벌어들이는 숫자만으로 움직이지 않는다. 돈은 우리가 무엇을 선택하고 어떤 기준으로 소비하며 시간을 어떻게 사용하는지에 따라 조금씩 다른 방향으로 흘러간다. 그래서 같은 돈을 벌어도 전혀 다른 결과가 만들어지기도 한다.

돈이 모이는 사람들을 자세히 살펴보면 공통적인 특징이 있다. 그들은 돈을 사용할 때 잠깐 멈춰 생각한다. 지금 이 선택이 정말 필요한 것인지, 아니면 그저 순간적인 만족을 위한 것인지 스스로에게 묻는다. 그 질문은 아주 짧은 순간에 지나가지만 그 질문이 쌓이면서 생활의 모습이 조금씩 달라지기 시작한다. 어떤 선택은 사소해 보이지만 시간이 지나면 그 작은 선택들이 하나의 흐름을 만들게 된다.

많은 사람들은 돈을 모으는 방법을 찾으려고 한다. 더 좋은 투자 방법, 더 높은 수익을 얻는 방법, 더 빠르게 돈을 불리는 방법을 알고 싶어 한다. 하지만 돈이 모이는 사람들을 보면 조금 다른 모습을 발견하게 된다. 그들은 돈을 불리는 방법보다 돈이 흐르는 방식을 이해하려고 한다. 돈이 어디에서 들어오고 어디로 흘러가는지, 그리고 어떤 선택이 그 흐름을 바꾸는지 천천히 살펴본다.

여기에서 이야기하려는 것은 돈을 많이 버는 기술이 아니다. 대신 돈이 모이는 사람들의 생각과 생활의 방식이다. 사람들이 어떤 기준으로 소비를 하는지, 시간을 어떻게 사용하는지, 정보를 어떻게 받아들이는지, 그리고 그 작은 선택들이 시간이 지나면서 어떤 차이를 만들어 내는지 함께 살펴보려고 한다.

어쩌면 돈의 흐름을 바꾸는 일은 생각보다 거창한 일이 아닐지도 모른다. 아주 작은 질문 하나에서 시작될 수도 있다. "지금 나는 어떤 선택을 하고 있는가." 그리고 그 질문을 조금 더 자주 떠올리게 되는 순간, 돈의 흐름은 서서히 다른 방향으로 움직이기 시작한다. 이 책은 바로 그 작은 변화에 대한 이야기다.

차 례

──────────── PART 1 ────────────

돈의 시작은 생각에서 만들어진다

──────────── PART 2 ────────────

소비에는 보이지 않는 규칙이 있다

PART 1

돈의 시작은
생각에서 만들어진다

1

같은 돈을 두고도
다른 선택이 만들어지는 이유

돈 이야기를 할 때 사람들은 보통 수입부터 떠올린다. 얼마나 벌고 있는지, 어떻게 하면 더 많이 벌 수 있는지 같은 질문이 먼저 등장한다. 그래서 많은 사람들은 돈의 차이가 결국 수입의 차이에서 시작된다고 생각한다. 더 많이 벌면 더 많이 모일 것이라고 믿기 때문이다. 하지만 생활을 조금만 천천히 들여다보면 조금 다른 장면이 보이기 시작한다. 비슷한 월급을 받는 사람들 사이에서도 시간이 지나면 꽤 다른 결과가 만들어지는 경우가 많다는 사실이다. 어떤 사람은 늘 돈이 부족하다고 말하고, 어떤 사람은 같은 생활을 하면서도 조금씩 여유를 만들어 간다. 겉으로 보기에는 큰 차이가 없어 보이는데도 돈의 흐름은 조금씩 다른 방향으로 움직이고 있다. 돈은 단순히 숫자로만 움직이는 것이 아니라 사람들의 생각과 선택을 따라 흐르기 때문이다.

사람들은 같은 돈을 가지고도 전혀 다른 선택을 한다

나는 한 번 이런 이야기를 들은 적이 있다. 같은 회사에서 일하는 두 사람이 있었는데 두 사람의 입사 시기와 월급은 거의 비슷했다. 점심을 같이 먹고 퇴근 후에 가끔 술자리도 함께 하는 사이였기 때문에 생활을 들여다보면 크게 다른 점이 없어 보였다. 그런데 몇 년이 지나고 나서 두 사람의 이야기는 조금씩 달라지기 시작했다. 한 사람은 늘 이렇게 말하곤 했다. 돈이 왜 이렇게 빨리 사라지는지 모르겠다고 말이다. 반면 다른 한 사람은 예전보다 생활이 조금 편해진 것 같다고 이야기했다. 특별한 투자를 한 것도 아니었고 갑자기 수입이 늘어난 것도 아니었는데 두 사람의 생활 속에서는 분명히 다른 흐름이 만들어지고 있었다.

이런 장면은 사실 특별한 일이 아니다. 직장 생활을 하다 보면 비슷한 이야기를 자주 듣게 된다. 같은 회사에서 같은 일을 하고 비슷한 월급을 받는데도 어떤 사람은 늘 돈이 부족하다고 느끼고 어떤 사람은 조금씩 여유가 생긴다고 말한다. 사람들은 종종 그 이유를 운이나 재능에서 찾으려고 한다. 하지만 조금 더 자세히 살펴보면 그 차이는 생각보다 단순한 곳에서 시작되는 경우가 많다. 바로 돈을 사용하는 방식, 그리고 돈을 바라보는 생각의 차이다.

우리는 왜 필요하지 않은 물건도 쉽게 사게 될까

어느 날 퇴근 후에 쇼핑 앱을 열어 본 적이 있을 것이다. 화면에는 할인 문구가 보이고 눈에 들어오는 물건도 있다. 그 순간 많은 사람들은 가격을 먼저 확인한다. 이 정도 가격이면 괜찮은 것 같다는 생각이 들면 장바구니에 물건을 담기도 한다. 우리는 종종 이렇게 생각한다. 큰 돈이 아니니까 괜찮을 것 같다고 말이다. 하지만 이런 소비가 반복되면 생활 속에서 돈의 흐름은 조금씩 방향을 바꾸기 시작한다.

사람의 소비는 늘 계획대로만 이루어지지 않는다. 기분이 좋아서 무언가를 사고 싶어질 때도 있고, 하루가 힘들어서 작은 보상을 주고 싶을 때도 있다. 또 할인이라는 문구를 보면 지금 사지 않으면 손해를 보는 것 같은 느낌이 들기도 한다. 이런 감정은 특별한 것이 아니라 대부분의 사람들이 자연스럽게 느끼는 반응이다. 그래서 많은 소비는 계획보다는 순간의 판단 속에서 이루어지는 경우가 많다.

하지만 어떤 사람들은 이 순간에 잠깐 멈춘다. 그리고 이렇게 생각한다. 이 물건이 지금 내 생활에 정말 필요한 것일까 하고 말이다. 이 질문은 단순해 보이지만 선택의 방향을 바꾸기 시작한다. 가격이 아니라 필요가 기준이 되는 순간 소비의 모습은 조금씩 달라지기 시작한다.

작은 소비가 결국 돈의 방향을 바꾼다

사람들은 보통 큰 돈이 들어가는 순간에만 신중해지려고 한다. 자동차를 사거나 집을 구하거나 큰 가전제품을 살 때는 비교도 많이 하고 고민도 오래 한다. 하지만 실제로 생활 속에서 돈의 흐름을 바꾸는 것은 큰 소비보다 작은 소비인 경우가 많다. 커피 한 잔, 습관처럼 열어 보는 쇼핑 앱, 기분에 따라 이루어지는 작은 소비들이 하루와 한 달을 채우게 된다. 처음에는 그 금액이 크지 않기 때문에 크게 신경 쓰지 않는 경우가 많다. 하지만 이런 소비가 반복되면 생활 속에서 돈이 흐르는 방향이 조금씩 바뀌기 시작한다.

어떤 선택을 하는 순간에는 동시에 다른 선택 하나가 조용히 사라진다. 예를 들어 매일 습관처럼 사용하는 작은 소비가 한 달, 일 년이라는 시간 속에서 쌓이면 생각보다 큰 금액이 되기도 한다. 그 돈은 단순히 사라진 것이 아니라 다른 선택의 가능성을 함께 뒤로 미루는 결과가 된다. 오늘의 작은 소비 하나가 미래의 다른 선택을 조금씩 줄이고 있을 수도 있다는 뜻이다. 그래서 작은 소비의 반복은 우리가 생각하는 것보다 훨씬 큰 차이를 만들기도 한다.

돈이 모이는 사람들은 잠깐 멈춰 생각한다

돈이 모이는 사람들을 보면 그들이 특별히 엄격하게 생활을 하는 것처럼 보이지는 않는다. 오히려 그들의 생활은 꽤 자연스럽고 평범해 보인다. 하지만 그들의 생각 속에는 하나의 공통된 습관이 있다. 돈을 사용할 때 잠깐 멈춰 생각하는 시간이다. 그 순간은 길지 않다. 몇 초에 불과할 수도 있다. 하지만 그 짧은 순간에 자신의 선택을 한 번 더 바라보는 습관은 생각보다 큰 차이를 만들어 낸다.

돈은 갑자기 모이기 시작하는 경우가 거의 없다. 대부분의 경우 돈의 흐름은 아주 조용하게 바뀌기 시작한다. 어느 날 갑자기 큰 변화가 생기는 것이 아니라 생활 속에서 이루어지는 작은 선택들이 반복되면서 방향이 조금씩 달라진다. 그리고 시간이 지나면 그 변화는 생각보다 분명한 차이를 만들어 낸다. 같은 돈을 벌어도 어떤 사람의 생활은 점점 가벼워지고 어떤 사람의 생활은 점점 무거워지는 이유가 바로 이런 선택의 차이에서 시작된다.

그래서 돈을 이야기할 때 우리는 수입보다 먼저 생각해야 할 것이 있다. 바로 선택의 기준이다. 돈은 단순히 들어오고 나가는 숫자가 아니라 우리가 어떤 기준으로 선택을 하는지에 따라 다른 방향으로 흐르기 때문이다. 그리고 그 순간 우리는 자연스럽게 한 가지 질문을 떠올리게 된다.

지금 나는 어떤 기준으로 돈을 사용하고 있는가.

2

돈이 모이는
사람들의 첫 번째 질문

돈을 모으는 방법에 대해 이야기할 때 사람들은 종종 특별한 전략을 먼저 떠올린다. 어떤 투자 방법이 좋은지, 어디에 돈을 넣어야 하는지, 또는 어떤 정보를 먼저 알아야 하는지 같은 질문이 먼저 등장한다. 그래서 많은 사람들은 돈을 잘 모으는 사람들은 특별한 재테크 방법을 알고 있을 것이라고 생각한다. 하지만 생활 속에서 돈의 흐름을 오래 지켜보면 조금 다른 장면이 보이기 시작한다. 돈이 모이는 사람들은 생각보다 복잡한 방법을 사용하지 않는다. 그들의 생활은 오히려 꽤 평범해 보인다. 같은 직장에 다니고 비슷한 월급을 받으며 비슷한 생활을 한다. 그런데 시간이 지나면 그들의 통장과 생활의 모습은 조금씩 다른 방향으로 움직이기 시작한다. 그 차이는 거창한 투자 전략이 아니라 아주 단순한 순간에서 시작되는 경우가 많다. 바로 돈을 쓰기 전에 떠올리는 질문이다.

사람들은 돈을 쓰기 전에 어떤 생각을 할까

우리는 하루에도 여러 번 돈을 사용하는 순간을 맞이한다. 아침에 출근하면서 커피를 사기도 하고 점심시간에 식사를 하기도 한다. 퇴근 후에는 편의점에 들러 간식을 사거나 쇼핑 앱을 열어 물건을 고르기도 한다. 이런 장면은 특별한 일이 아니라 대부분의 사람들에게 아주 익숙한 생활의 일부다. 그래서 많은 사람들은 이런 선택을 크게 고민하지 않는다. 그냥 자연스럽게 지갑을 열고 계산을 한다.

하지만 이 평범한 장면 속에서 돈의 흐름은 조금씩 방향을 바꾸기 시작한다. 어떤 사람들은 이런 소비를 거의 생각하지 않고 지나가지만 어떤 사람들은 잠깐 멈춘다. 그리고 스스로에게 짧은 질문을 던진다. 지금 이 소비가 정말 필요한 것인지 아니면 그냥 습관처럼 이루어지는 선택인지 생각해 보는 것이다. 이 질문은 아주 짧은 순간에 이루어지지만 선택의 방향을 조금씩 바꾸기 시작한다.

생활 속에서 이런 장면은 생각보다 자주 나타난다. 예를 들어 퇴근 후에 쇼핑 앱을 열었을 때 마음에 드는 물건을 발견하는 순간을 떠올려 보면 알 수 있다. 많은 사람들은 먼저 가격을 확인하고 이 정도면 괜찮은 것 같다는 생각이 들면 장바구니에 담는다. 하지만 어떤 사람들은 그 순간에 한 가지 생각을 더 한다. 이 물건이 지금 내 생활에 필요한 것인지 아니면 단순히 눈에 들어왔기 때문에 사고 싶은 것인지 스스로에게 묻는 것이다. 이런 질문은 소비의 기준을 조금씩 바꾸기 시작한다.

돈이 모이는 사람들은 무엇을 먼저 묻는가

직장 생활을 하다 보면 비슷한 월급을 받는 사람들 사이에서도 생활의 차이가 조금씩 나타나는 모습을 보게 된다. 어떤 사람은 늘 돈이 빠듯하다고 말하고 어떤 사람은 같은 생활을 하면서도 조금씩 여유가 생긴다고 이야기한다. 처음에는 그 이유를 쉽게 설명하기 어렵다. 하지만 시간을 두고 그들의 생활을 조금 더 자세히 들여다보면 작은 차이가 보이기 시작한다.

예를 들어 한 동료는 물건을 사기 전에 항상 같은 질문을 떠올린다고 했다. 이 소비가 지금 나에게 어떤 의미가 있는지 생각해 보는 것이다. 단순히 가격이 저렴한지 비싼지를 보는 것이 아니라 이 소비가 자신의 생활에 어떤 변화를 만들어 주는지를 먼저 떠올린다. 만약 그 질문에 분명한 이유가 떠오르지 않으면 그는 잠깐 시간을 두었다. 그리고 놀랍게도 많은 소비가 그 짧은 시간 동안 자연스럽게 사라진다고 이야기했다.

이런 행동은 절약을 강요하는 태도와는 조금 다르다. 돈을 아끼기 위해 무조건 소비를 줄이는 것이 아니라 소비의 기준을 조금 더 분명하게 만드는 과정에 가깝다. 기준이 생기면 선택은 훨씬 쉬워진다. 무엇을 사야 하는지를 고민하기보다 무엇을 사지 않아도 되는지를 자연스럽게 구분할 수 있기 때문이다. 이런 선택이 반복되면 생활 속에서 돈의 흐름은 조금씩 달라지기 시작한다.

작은 질문 하나가 선택의 방향을 바꾼다

생활 속에서 돈의 흐름이 바뀌는 순간은 생각보다 조용하게 찾아온다. 갑자기 큰 변화가 생기거나 특별한 기회가 나타나는 경우는 많지 않다. 대부분의 변화는 아주 작은 장면에서 시작된다. 커피를 사기 전에 잠깐 멈추는 순간, 쇼핑 앱을 열었다가 다시 닫는 순간, 할인 문구를 보고도 한 번 더 생각하는 순간 같은 장면이 바로 그런 순간이다.

우리는 어떤 선택을 할 때 동시에 다른 선택을 뒤로 미루게 된다. 예를 들어 오늘의 작은 소비 하나가 반복되면 그 돈으로 할 수 있었던 다른 선택은 점점 멀어질 수도 있다. 반대로 지금의 소비를 잠깐 미루는 행동은 미래의 선택을 조금 더 넓혀 줄 수도 있다. 이런 차이는 하루 동안에는 거의 느껴지지 않는다. 하지만 시간이 지나면서 생활 속에서 조금씩 다른 결과를 만들기 시작한다.

돈이 모이는 사람들은 이 차이를 크게 의식하지 않으면서도 자연스럽게 이해하고 있다. 그래서 소비를 할 때도 한 번 더 생각하는 습관을 가지고 있다. 그 질문은 거창하지 않다. 단순히 지금 이 선택이 나에게 어떤 의미가 있는지 스스로에게 묻는 것이다. 그리고 그 짧은 질문은 생활 속에서 돈이 흐르는 방향을 조금씩 바꾸기 시작한다.

돈의 흐름은 질문에서 시작된다

많은 사람들은 돈의 문제를 해결하려고 할 때 새로운 방법을 찾으려고 한다. 더 좋은 투자 방법이나 더 빠른 재테크 전략을 찾는 경우도 많다. 물론 그런 방법도 중요하다. 하지만 생활 속에서 돈의 흐름을 바꾸는 첫 번째 변화는 훨씬 단순한 곳에서 시작되는 경우가 많다. 바로 돈을 사용하는 순간에 스스로에게 던지는 질문이다.

이 질문은 길거나 복잡할 필요가 없다. 오히려 아주 짧을수록 좋다. 지금 이 소비가 나에게 정말 필요한 것인지, 아니면 그냥 익숙한 습관처럼 이루어지는 선택인지 스스로에게 묻는 것이다. 이런 질문은 처음에는 조금 어색하게 느껴질 수도 있다. 하지만 몇 번 반복하다 보면 자연스럽게 생활 속 습관이 된다.

그리고 그 순간부터 돈의 흐름은 조금씩 달라지기 시작한다. 눈에 띄는 변화가 바로 나타나는 것은 아니지만 시간이 지나면 분명한 차이가 생긴다. 어떤 사람의 돈은 빠르게 흘러가고 어떤 사람의 돈은 조금씩 머무르기 시작한다. 그 차이는 거창한 전략에서 시작되는 것이 아니라 생활 속에서 반복되는 작은 질문에서 시작되는 경우가 많다.

3

소비보다 선택을
먼저 생각하는 습관

사람들은 보통 돈 이야기를 할 때 소비부터 떠올린다. 무엇을 샀는지, 얼마나 썼는지, 또는 어떻게 하면 지출을 줄일 수 있는지 같은 이야기들이 먼저 등장한다. 그래서 많은 사람들은 돈을 관리한다는 것을 곧 소비를 줄이는 일이라고 생각한다. 하지만 생활을 조금 더 자세히 들여다보면 돈의 흐름은 단순히 소비의 많고 적음으로만 결정되지 않는다는 사실을 발견하게 된다. 어떤 사람은 소비를 꽤 많이 하는 것처럼 보이는데도 생활이 안정되어 있고, 어떤 사람은 지출을 줄이려고 노력하는데도 늘 돈이 부족하다고 느낀다. 이 차이는 소비의 크기보다 소비를 바라보는 방식에서 시작되는 경우가 많다. 돈이 모이는 사람들은 무엇을 살지 고민하기 전에 먼저 어떤 선택을 하고 있는지를 생각한다. 소비보다 선택을 먼저 바라보는 습관이 돈의 방향을 조금씩 바꾸기 시작하기 때문이다.

사람들은 소비를 결정하기 전에 무엇을 놓치고 있을까

하루를 떠올려 보면 우리는 생각보다 많은 소비의 순간을 지나가게 된다. 아침에 출근하면서 커피를 사기도 하고 점심시간에 식사를 하기도 한다. 퇴근 후에는 편의점에 들러 간식을 사거나 온라인 쇼핑을 하기도 한다. 이런 장면들은 대부분 특별한 고민 없이 자연스럽게 이루어진다. 그만큼 소비는 생활 속에서 익숙한 행동이기 때문이다.

문제는 우리가 소비를 할 때 그 소비가 어떤 선택의 결과인지까지는 잘 생각하지 않는다는 점이다. 예를 들어 친구와 약속이 있어 카페에 가는 것은 자연스러운 일이다. 하지만 습관처럼 매일 카페에 들르는 행동이 반복되면 그것은 하나의 소비 패턴이 된다. 많은 사람들은 이런 소비를 단순한 생활의 일부라고 생각한다. 하지만 조금 더 천천히 바라보면 그 안에는 선택이 숨어 있다. 우리는 커피를 사는 선택을 하는 동시에 다른 선택 하나를 뒤로 미루고 있을지도 모른다. 이런 장면은 대부분의 사람들이 크게 의식하지 않는 사이에 반복된다.

돈이 모이는 사람들은 소비보다 선택을 먼저 본다

돈이 모이는 사람들을 보면 그들이 특별히 검소하게 생활하는 것처럼 보이지는 않는다. 오히려 생활은 꽤 자연스럽고 평범해 보인다. 친구들과 식사를 하기도 하고 여행을 가기도 하며 자신이 좋아하는 것에는 돈을 쓰기도 한다. 그런데도 시간이 지나면 그들의 생활은 조금씩 안정되어 간다.

그 차이를 자세히 살펴보면 한 가지 특징이 보인다. 그들은 소비를 결정하기 전에 먼저 선택을 바라본다는 점이다. 예를 들어 어떤 물건을 사려고 할 때 단순히 가격이나 할인 여부만 보지 않는다. 이 선택이 자신의 생활에 어떤 의미가 있는지를 먼저 생각한다. 지금 이 소비가 정말 필요한 것인지, 아니면 단순히 눈에 들어왔기 때문에 사고 싶은 것인지 잠깐 멈춰 생각해 보는 것이다.

이 습관은 거창한 방법처럼 보이지 않는다. 하지만 이런 생각이 반복되면 소비의 모습은 조금씩 달라지기 시작한다. 순간의 감정에 따라 이루어지는 소비는 줄어들고 자신에게 의미가 있는 소비는 오히려 더 분명해진다. 이런 선택이 반복되면 생활 속에서 돈의 흐름은 조금씩 다른 방향으로 움직이기 시작한다.

작은 선택이 시간이 지나면 생활의 차이를 만든다

생활 속에서 이루어지는 선택들은 대부분 아주 작다. 커피 한 잔을 마실지 말지 고민하는 순간, 쇼핑 앱을 열었다가 다시 닫는 순간, 할인 문구를 보고도 잠깐 멈추는 순간 같은 장면들이다. 이런 선택은 하루 동안에는 거의 차이를 느끼기 어렵다. 그래서 많은 사람들은 이런 소비를 크게 신경 쓰지 않는다.

하지만 이런 선택이 반복되면 시간이 지나면서 생활 속에서 조금씩 다른 결과가 만들어진다. 예를 들어 작은 소비 하나가 하루에는 크게 느껴지지 않지만 한 달, 일 년이라는 시간 속에서는 꽤 다른 모습을 만들 수 있다. 그 차이는 단순히 돈의 크기에서만 나타나는 것이 아니다. 생활의 여유나 선택의 폭에서도 조금씩 다른 변화가 나타난다. 어떤 사람은 늘 돈이 빠듯하다고 느끼고 어떤 사람은 같은 생활을 하면서도 조금씩 여유가 생긴다고 느끼게 된다.

이런 차이는 특별한 능력에서 시작되는 것이 아니라 대부분 생활 속 선택에서 시작된다. 돈을 어떻게 쓰느냐보다 어떤 선택을 하고 있는지를 먼저 바라보는 습관이 조금씩 다른 결과를 만들어 내기 때문이다.

선택을 바라보는 습관이 돈의 흐름을 바꾼다

돈을 관리하는 방법을 이야기할 때 사람들은 종종 복잡한 전략을 먼저 떠올린다. 더 좋은 투자 방법이나 더 빠른 재테크 전략을 찾으려고 하기도 한다. 물론 그런 방법도 필요하다. 하지만 생활 속에서 돈의 흐름을 바꾸는 첫 번째 변화는 훨씬 단순한 곳에서 시작되는 경우가 많다.

바로 소비를 바라보는 시선을 조금 바꾸는 것이다. 우리는 보통 무엇을 살지 먼저 고민한다. 하지만 돈이 모이는 사람들은 무엇을 살지보다 어떤 선택을 하고 있는지를 먼저 생각한다. 이 소비가 자신의 생활에 어떤 의미를 가지는지, 이 선택이 지금의 만족을 위한 것인지 아니면 생활에 필요한 것인지 잠깐 멈춰 바라보는 것이다.

이 습관은 처음에는 특별한 변화처럼 보이지 않을 수 있다. 하지만 시간이 지나면 생활 속에서 분명한 차이를 만들기 시작한다. 소비의 모습이 조금씩 달라지고 돈이 흐르는 방향도 조금씩 달라진다. 그리고 그 변화는 어느 순간 생활의 안정과 여유라는 모습으로 나타나기 시작한다.

돈의 흐름은 생각보다 단순한 곳에서 바뀌기 시작한다. 소비를 줄이는 것보다 먼저 선택을 바라보는 순간, 돈의 방향은 조금씩 다른 길로 움직이기 시작한다.

4

"지금 필요한가, 정말 필요한가"라는 기준

퇴근 시간 무렵 마트나 편의점에 잠깐 들러 보면 흥미로운 장면이 자주 눈에 들어온다. 특별히 필요한 물건이 있어서 들어온 것이 아닌데도 사람들은 음료 하나, 간식 하나, 혹은 작은 생활용품 하나를 자연스럽게 집어 들고 계산대로 향한다. 금액은 크지 않다. 그래서 대부분의 사람들은 이런 소비를 크게 신경 쓰지 않는다. 하지만 돈의 흐름을 오래 지켜본 사람들은 이런 순간을 조금 다르게 바라본다. 큰 소비는 가끔 일어나지만 작은 소비는 매일 반복되기 때문이다. 그리고 바로 이 반복되는 순간 속에서 사람마다 전혀 다른 돈의 흐름이 만들어지기 시작한다. 흥미로운 점은 그 차이가 특별한 재능이나 투자 지식에서 시작되는 경우는 생각보다 많지 않다는 것이다. 오히려 일상 속에서 스스로에게 어떤 질문을 던지느냐에서 시작되는 경우가 많다. 특히 "지금 필요한가, 정말 필요한가"라는 단순한 질문은 소비의 방향을 아주 조용하게 바꾸기 시작한다.

사람들은 왜 필요하다고 느끼는 순간에 소비를 할까

사람들이 물건을 사는 순간을 조금 자세히 관찰해 보면 흥미로운 공통점이 있다. 대부분의 소비는 오래 고민한 뒤에 이루어지기보다 순간적인 필요감에서 시작된다는 점이다. 길을 걷다가 예쁜 물건을 발견했을 때, 할인 문구를 보았을 때, 혹은 주변 사람들이 사용하는 모습을 보았을 때 우리는 자연스럽게 "필요할 것 같다"는 느낌을 받는다. 이런 감정은 매우 빠르게 생겨나고 또 꽤 설득력 있게 느껴진다. 그래서 많은 사람들은 그 순간에 큰 의심 없이 지갑을 열게 된다. 필요하다고 느꼈기 때문이다.

하지만 이때 잠깐 멈춰 보면 재미있는 사실이 보이기도 한다. 우리가 필요하다고 느끼는 순간의 상당수는 실제 필요라기보다 상황에서 만들어진 감정인 경우가 많다. 예를 들어 점심시간에 동료들이 모두 커피를 사러 가면 자신도 모르게 커피가 필요하다고 느껴지는 순간이 있다. 사실 집에서 이미 커피를 마셨을 수도 있고, 꼭 마셔야 할 이유가 있는 것은 아닐 수도 있다. 그럼에도 그 순간에는 자연스럽게 "나도 한 잔 마셔야겠다"는 생각이 들게 된다. 이런 장면은 특별한 일이 아니라 생활 속에서 아주 흔하게 반복되는 모습이다. 우리가 필요라고 부르는 감정은 생각보다 쉽게 만들어진다.

"지금 필요한가"라는 질문이 소비의 속도를 늦춘다

돈의 흐름을 안정적으로 관리하는 사람들을 보면 소비를 완전히 피하는 것은 아니다. 오히려 생활은 자연스럽고 평범하다. 친구들과 식사를 하기도 하고 여행을 가기도 하며 자신이 좋아하는 취미에도 돈을 쓴다. 그런데도 시간이 지나면 그들의 생활에는 조금씩 여유가 생긴다. 그 이유를 자세히 보면 소비의 순간에 아주 짧은 질문이 하나 등장한다는 점을 발견하게 된다. 바로 "지금 필요한가"라는 질문이다.

이 질문은 소비를 막기 위한 규칙이라기보다 소비의 속도를 잠깐 늦추는 장치에 가깝다. 예를 들어 온라인 쇼핑을 하다가 마음에 드는 옷을 발견했을 때 바로 결제하기보다 잠깐 멈춰 보는 것이다. 지금 당장 필요한 옷인지, 아니면 단순히 예뻐 보여서 사고 싶은 것인지 스스로에게 물어보는 것이다. 이 질문 하나만으로도 소비의 방향이 조금 달라지는 경우가 많다. 어떤 물건은 정말 필요한 것이어서 그대로 구매하게 되기도 하고, 어떤 물건은 생각보다 급하지 않다는 사실을 깨닫기도 한다. 소비의 순간에 잠깐 멈추는 이 짧은 시간은 생각보다 큰 역할을 한다.

"정말 필요한가"라는 두 번째 질문이 기준을 만든다

첫 번째 질문이 소비의 속도를 늦춘다면 두 번째 질문은 소비의 기준을 만든다. 사람들은 "필요한가"라는 질문에는 비교적 쉽게 "필요하다"라고 답하는 경우가 많다. 하지만 같은 질문을 한 번 더 던지면 생각이 조금 달라지기 시작한다. "정말 필요한가." 이 질문은 소비의 감정을 조금 더 차분하게 바라보게 만든다. 예를 들어 새로운 가방이 눈에 들어왔을 때 단순히 디자인이 마음에 들어서 필요한 것처럼 느껴질 수 있다. 하지만 집에 돌아와 가방을 보관해 둔 곳을 다시 확인해 보면 이미 비슷한 가방이 몇 개 더 있다는 사실을 알게 된다.

이 두 번째 질문은 소비를 억지로 줄이기 위한 장치가 아니다. 오히려 소비의 우선순위를 분명하게 만들어 준다. 어떤 소비는 지금의 생활을 더 편하게 만들기 때문에 자연스럽게 선택되고, 어떤 소비는 조금 더 뒤로 미뤄도 괜찮다는 판단이 내려지기도 한다. 이런 판단이 반복되면 사람마다 소비의 기준이 조금씩 만들어지기 시작한다. 그리고 이 기준은 시간이 지나면서 돈의 흐름을 안정시키는 중요한 역할을 하게 된다.

작은 질문이 시간이 지나면 자산의 흐름을 바꾼다

생활 속에서 이루어지는 소비의 순간은 대부분 작다. 커피 한 잔, 간식 하나, 작은 생활용품 하나 같은 장면들이다. 이런 소비는 하루 동안에는 크게 느껴지지 않는다. 그래서 많은 사람들은 이런 소비를 크게 신경 쓰지 않는다. 하지만 이런 소비가 반복되는 시간을 조금 더 길게 바라보면 흥미로운 변화가 보이기 시작한다. 같은 생활을 하는 것처럼 보이던 사람들 사이에서도 몇 년이 지나면 생활의 여유가 조금씩 달라지는 모습이 나타난다.

그 차이는 거창한 투자 전략에서 시작되는 것이 아니라 대부분 생활 속 작은 기준에서 시작된다. 소비를 하기 전에 잠깐 멈춰 "지금 필요한가, 정말 필요한가"라고 스스로에게 묻는 습관이 반복되면 소비의 모습이 조금씩 달라지기 때문이다. 순간의 감정에서 시작되는 소비는 줄어들고 생활에 의미가 있는 소비는 오히려 더 분명해진다. 이런 변화는 하루 동안에는 거의 느껴지지 않는다. 하지만 시간이 지나면서 사람들의 돈의 흐름은 조금씩 다른 방향으로 움직이기 시작한다. 그리고 그 차이는 어느 순간 생활 속에서 조용한 여유라는 모습으로 나타나기 시작한다.

5

돈을 바라보는 관점이
생활을 바꾸는 순간

퇴근길 지하철이나 버스 안에서 사람들을 가만히 바라보면 돈을 사용하는 방식이 사람마다 꽤 다르다는 것을 느낄 때가 있다. 누군가는 쇼핑 앱을 열어 새로운 물건을 살펴보고 있고, 누군가는 통장 잔액을 확인하며 이번 달 지출을 떠올리고 있다. 같은 하루를 보내고 같은 월급을 받는 것처럼 보이지만 시간이 지나면 생활의 모습은 조금씩 달라진다. 어떤 사람은 늘 돈이 부족하다고 느끼고 어떤 사람은 같은 생활을 하면서도 조금씩 여유가 생긴다고 느낀다. 이 차이는 단순히 수입의 크기에서만 생기는 것은 아니다. 오히려 돈을 바라보는 관점에서 시작되는 경우가 많다. 돈을 단순히 쓰는 대상이라고 생각하는 사람과 선택의 도구라고 생각하는 사람 사이에서는 생활의 방향이 조금씩 달라지기 시작한다. 그리고 바로 그 관점의 차이가 시간이 지나면서 생활의 모습까지 바꾸는 순간을 만들어 낸다.

돈을 쓰는 대상이 아니라 선택의 도구로 바라보기

많은 사람들은 돈을 이야기할 때 자연스럽게 소비를 먼저 떠올린다. 무엇을 샀는지, 얼마를 썼는지, 혹은 지출을 어떻게 줄일 수 있는지 같은 이야기가 대부분이다. 그래서 돈을 관리한다는 것을 소비를 줄이는 일로 생각하는 경우도 많다. 하지만 돈의 흐름을 오래 지켜본 사람들은 돈을 조금 다르게 바라본다. 그들에게 돈은 단순히 소비를 위한 수단이 아니라 선택을 가능하게 만드는 도구에 가깝다.

예를 들어 어떤 사람은 월급이 들어오면 바로 쇼핑 목록을 떠올린다. 필요한 물건을 사기도 하고 마음에 드는 물건을 하나 더 고르기도 한다. 이런 모습은 매우 자연스러운 생활의 일부다. 하지만 어떤 사람은 월급이 들어오는 순간 이번 달에 어떤 선택을 할 수 있을지를 먼저 생각한다. 여행을 갈지, 저축을 조금 더 늘릴지, 혹은 취미를 위해 시간을 사용할지 같은 선택을 떠올리는 것이다. 돈을 바라보는 관점이 이렇게 달라지면 소비의 모습도 자연스럽게 조금씩 달라지기 시작한다.

돈의 방향을 먼저 생각하는 사람들

생활 속에서 돈을 사용하는 장면을 조금 더 자세히 보면 흥미로운 차이가 보인다. 많은 사람들은 돈을 쓸 때 그 순간의 만족을 먼저 떠올린다. 지금 먹고 싶은 음식, 지금 갖고 싶은 물건, 혹은 지금 즐기고 싶은 경험 같은 것들이다. 이런 생각은 매우 자연스럽다. 하루 동안의 피로를 풀거나 작은 기분 전환을 위해 돈을 사용하는 것은 생활 속에서 흔히 볼 수 있는 모습이다.

하지만 돈의 흐름을 안정적으로 만드는 사람들은 돈을 사용할 때한 가지 생각을 더한다. 이 돈이 앞으로 어떤 방향으로 움직일지를 떠올려 보는 것이다. 예를 들어 쇼핑을 하다가 마음에 드는 물건을 발견했을 때 단순히 가격만 확인하는 것이 아니라 이 소비가 자신의 생활에서 어떤 의미를 가지는지 잠깐 생각해 본다. 지금의 만족을 위한 소비인지, 아니면 생활을 조금 더 편하게 만들기 위한 선택인지 스스로에게 질문해 보는 것이다. 이런 생각은 소비를 줄이기 위한 것이 아니라 돈의 방향을 분명하게 만드는 과정이다.

생활 속에서 관점이 바뀌는 작은 순간

돈을 바라보는 관점이 바뀌는 순간은 거창한 결심에서 시작되지 않는 경우가 많다. 오히려 생활 속 아주 작은 장면에서 시작되는 경우가 많다. 예를 들어 어느 날 통장 잔액을 확인했을 때 예상보다 빠르게 줄어든 금액을 보고 잠깐 멈춰 생각하는 순간이 있을 수 있다. 혹은 반복되는 소비가 생각보다 큰 금액이 된다는 사실을 깨닫는 순간이 있을 수도 있다. 이런 순간은 누구에게나 한 번쯤 찾아온다.

그때 어떤 사람은 다시 예전의 소비 방식으로 돌아가지만 어떤 사람은 그 장면을 계기로 돈을 바라보는 시선을 조금 바꾸기 시작한다. 예를 들어 매일 사던 커피를 무조건 줄이기보다 "이 소비가 나에게 어떤 의미인지"를 생각해 보기 시작하는 것이다. 정말 즐거움을 주는 소비라면 그대로 유지하고 단순히 습관처럼 반복되던 소비라면 조금씩 줄여 보는 식이다. 이런 작은 변화는 겉으로 보기에는 크게 드러나지 않지만 시간이 지나면서 생활 속에서 꽤 다른 결과를 만들기 시작한다.

관점이 바뀌면 돈의 흐름도 바뀌기 시작한다

생활 속에서 돈을 사용하는 방식은 대부분 아주 작고 평범한 장면들로 이루어져 있다. 편의점에서 간식을 사는 순간, 쇼핑 앱을 열었다가 물건을 고르는 순간, 친구와 약속을 잡으며 식당을 선택하는 순간 같은 장면들이다. 이런 소비는 하루 동안에는 크게 느껴지지 않는다. 그래서 많은 사람들은 이런 선택을 크게 의식하지 않는다.

하지만 돈을 바라보는 관점이 조금 바뀌면 같은 장면에서도 생각이 달라지기 시작한다. 무엇을 살지 고민하기보다 이 소비가 자신의 생활에 어떤 의미를 가지는지를 먼저 생각하게 되는 것이다. 이 관점은 소비를 억지로 줄이기 위한 규칙이 아니라 선택을 조금 더 분명하게 만들어 주는 기준에 가깝다. 이런 기준이 생활 속에서 반복되면 소비의 모습은 자연스럽게 정리되기 시작한다. 그리고 시간이 지나면 사람들의 돈의 흐름은 조금씩 다른 방향으로 움직이기 시작한다.

그 변화는 어느 날 갑자기 나타나는 것이 아니라 생활 속에서 조용히 쌓이면서 생활의 안정과 여유라는 모습으로 나타나기 시작한다.

돈의 심리학
사람들은 왜 눈앞의 만족을 더 크게 느낄까

사람들은 종종 돈을 사용할 때 계산보다 감정에 먼저 반응한다. 머릿속에서는 저축이나 미래 계획이 중요하다는 것을 알고 있지만 실제로 소비의 순간에 서면 생각보다 다른 선택을 하게 되는 경우가 많다. 예를 들어 하루 동안 일을 마치고 집으로 돌아오는 길에 편의점에 들러 간식을 사는 장면을 떠올려 보면 그 이유를 쉽게 이해할 수 있다. 그 간식이 꼭 필요한 것은 아닐 수도 있지만 하루 동안 쌓였던 피로를 풀어 주는 작은 보상처럼 느껴지기 때문이다. 이런 순간에는 미래의 저축보다 지금의 만족이 훨씬 더 크게 느껴진다. 그래서 많은 사람들은 돈을 사용할 때 장기적인 계획보다 당장의 기분을 먼저 고려하게 된다.

이 현상은 특별한 사람에게만 나타나는 것이 아니라 대부분의 사람들이 자연스럽게 경험하는 심리다. 우리는 미래의 만족보다 눈앞에 있는 보상을 더 크게 느끼는 경향이 있기 때문이다. 예를 들어 한 달 뒤에 얻을 수 있는 이익보다 지금 당장 누릴 수 있는 즐거움이 더 매력적으로 보이는 경우가 많다. 그래서 사람들은 오늘 사용할 작은 소비를 크게 고민하지 않으면서도 먼 미래의 저축은 계속 뒤로 미루는 모습을 보이기도 한다. 이런 선택은 게으르거나 계획이 없어서 생기는 것이 아니라 인간이 가진 자연스러운 심리에서 비롯되는 경우가 많다.

생활 속에서도 이런 장면은 쉽게 발견된다. 예를 들어 새로운 전자제품이 출시되었다는 소식을 들으면 아직 잘 작동하는 물건이 있는데도 괜히 관심이 생기기 시작한다. 광고나 주변 사람들의 이야기를 들으면서 그 제품을 사용하는 모습을 상상하게 되고 그 상상 속에서는 지금보다 더 편리하고 즐거운 생활이 펼쳐진다. 이때 사람들의 마음속에서는 현재의 소비가 더 매력적으로 보이기 시작한다. 실제로는 큰 차이가 없을 수도 있지만 눈앞의 만족이 더 크게 느껴지기 때문에 소비의 결정은 생각보다 쉽게 이루어진다.

또 다른 예는 작은 보상 소비에서 자주 나타난다. 일을 열심히 했다는 이유로 스스로에게 선물을 하는 순간이 바로 그런 장면이다. 예를 들어 "오늘 하루 힘들었으니 맛있는 음식을 먹어야겠다"거나 "이번 달 고생했으니 작은 선물을 하나 사야겠다"라고 생각하는 순간이 있다. 이런 소비는 그 자체로 나쁜 선택은 아니다. 오히려 삶의 균형을 위해 필요한 경우도 많다. 하지만 이런 소비가 습관처럼 반복되면 사람들은 점점 더 눈앞의 만족에 익숙해지게 되고 미래의 선택은 자연스럽게 뒤로 밀려나기 시작한다.

돈의 흐름을 오래 지켜본 사람들은 이런 심리를 이해하고 있기 때문에 소비의 순간을 조금 다르게 바라본다. 그들은 눈앞의 만족이 크게 느껴지는 순간이 오히려 가장 판단이 흐려지기 쉬운 때라는 사실을 알고 있다. 그래서 어떤 소비를 결정하기 전에 잠깐 멈춰 생각하는 시간을 가지기도 한다. 지금의 기분 때문에 이루어지는 소비인지, 아니면 생활에 실제로 필요한 선택인지 천천히 구분해 보는 것이다. 이런 과정은 소비를 억지로 줄이기 위한 것이 아니라 소비의 의미를 분명하게 만드는 역할을 한다.

이렇게 소비의 순간을 조금 더 천천히 바라보는 습관이 생기면 사람들은 점점 돈을 사용하는 기준을 만들어 가게 된다. 어떤 소비는 지금의 만족을 위해 필요하다고 판단하고 어떤 소비는 조금 더 뒤로 미루어도 괜찮다고 생각하게 된다. 중요한 것은 모든 소비를 줄이는 것이 아니라 선택의 균형을 찾는 것이다. 눈앞의 만족과 미래의 여유 사이에서 자신에게 맞는 기준을 만들어 가는 과정이 바로 돈을 이해하는 과정이기도 하다.

결국 돈을 사용하는 방식은 거창한 전략에서 시작되는 것이 아니라 이런 작은 심리의 이해에서 시작되는 경우가 많다. 우리가 왜 눈앞의 만족에 더 쉽게 끌리는지 이해하게 되면 소비의 순간을 조금 더 차분하게 바라볼 수 있게 된다. 그리고 그 작은 변화가 반복되면 생활 속에서 돈의 흐름도 조금씩 달라지기 시작한다. 같은 생활을 하면서도 어떤 사람에게는 여유가 생기고 어떤 사람에게는 늘 부족함이 남는 이유는 바로 이런 작은 선택의 차이에서 시작되는 경우가 많다.

PART 2

소비에는 보이지 않는
규칙이 있다

1

우리는 왜 비슷한 방식으로 돈을 쓰게 될까

사람들의 소비를 오래 지켜보다 보면 흥미로운 장면을 자주 발견하게 된다. 서로 다른 직업을 가진 사람들, 다른 환경에서 살아온 사람들인데도 돈을 쓰는 방식이 놀라울 만큼 비슷하게 반복되는 경우가 많기 때문이다. 어떤 사람은 월급이 들어오면 먼저 외식을 하고, 어떤 사람은 쇼핑을 하고, 또 어떤 사람은 계획하지 않았던 작은 물건들을 사면서 한 달을 시작한다. 신기한 점은 이런 행동이 대부분 의식적인 계획이 아니라 자연스럽게 반복되는 습관이라는 것이다. 사람들은 스스로 선택한다고 생각하지만 실제로는 이미 만들어진 소비 방식 속에서 돈을 사용하는 경우가 많다. 이런 모습을 오래 관찰하다 보면 소비에는 보이지 않는 흐름이 존재한다는 사실을 느끼게 된다. 그 흐름은 아주 사소한 생활 장면 속에서 조금씩 만들어지고 어느 순간에는 개인의 생활 방식처럼 굳어지기도 한다.

처음 만들어진 소비 방식은 쉽게 바뀌지 않는다

사람들은 보통 처음 익숙해진 소비 방식에서 크게 벗어나지 않는 경향을 보인다. 예를 들어 대학 시절에 친구들과 자주 카페에 가던 사람이 사회인이 된 뒤에도 비슷한 소비를 이어가는 모습을 흔히 볼 수 있다. 처음에는 단순한 만남의 장소였지만 시간이 지나면서 카페는 일상적인 휴식의 공간이 되고, 자연스럽게 돈을 쓰는 장소가 된다. 이런 소비는 특별히 고민하지 않아도 반복되기 때문에 사람들은 그것을 생활의 일부처럼 받아들이게 된다. 그래서 어느 순간부터는 특별히 생각하지 않아도 "오늘도 커피 한 잔 마셔야지"라는 생각이 자연스럽게 떠오른다. 이런 소비는 작아 보이지만 시간이 지나면 꽤 큰 금액이 되기도 한다. 하지만 대부분의 사람들은 이런 흐름을 크게 의식하지 않는다. 왜냐하면 그 소비가 이미 생활의 리듬처럼 익숙해졌기 때문이다.

한 번 만들어진 소비 방식은 생각보다 오래 유지된다. 예를 들어 직장인이 된 뒤에도 학생 시절의 소비 패턴이 그대로 이어지는 경우가 많다. 어떤 사람은 스트레스를 받으면 온라인 쇼핑을 하고, 어떤 사람은 퇴근 후 음식 배달을 자주 이용한다. 처음에는 단순한 편의였지만 반복되면서 하나의 습관이 된다. 이런 습관은 특별히 계획하지 않아도 자연스럽게 이어지기 때문에 사람들은 소비를 하고 있다는 느낌보다 일상을 살고 있다는 느낌을 받는다. 그래서 돈이 어디로 흘러가는지 자세히 생각해 보지 않는 경우도 많다.

주변 사람들의 소비가 기준이 되는 순간

사람들이 비슷한 방식으로 돈을 쓰는 이유 중 하나는 주변 환경의 영향을 받기 때문이다. 우리는 생각보다 주변 사람들의 행동을 많이 따라 하면서 생활한다. 예를 들어 회사 동료들이 점심시간마다 특정 식당에 가면 그 식당이 자연스럽게 기준이 되기도 한다. 처음에는 따라가는 것뿐이지만 시간이 지나면 그 식당이 익숙한 선택이 된다. 그러다 보면 가격이나 필요 여부를 따지기보다 그냥 자연스럽게 그곳을 찾게 된다. 이런 현상은 친구들과의 소비에서도 자주 나타난다.

예를 들어 친구 모임에서 대부분의 사람들이 비슷한 가격대의 소비를 하면 그 금액이 자연스럽게 기준이 된다. 누군가가 특별히 더 비싼 소비를 하거나 반대로 지나치게 절약하려 하면 오히려 어색하게 느껴질 수도 있다. 그래서 사람들은 무의식적으로 비슷한 수준의 소비를 맞추게 된다. 이렇게 형성된 기준은 개인의 생활 속 소비에도 영향을 미친다. 결국 소비는 개인의 판단만으로 이루어지는 것이 아니라 주변 환경 속에서 자연스럽게 만들어지는 경우가 많다.

반복되는 작은 소비가 흐름을 만든다

돈의 흐름을 결정하는 것은 큰 소비보다 작은 소비인 경우가 많다.

예를 들어 매일 출근하면서 편의점에서 간단한 간식을 사는 사람이 있다고 생각해 보자. 하루에 쓰는 금액은 크지 않지만 이런 소비가 매일 반복되면 한 달이 지나면서 꽤 큰 금액이 된다. 하지만 대부분의 사람들은 이런 작은 소비를 크게 의식하지 않는다. 왜냐하면 그 소비가 일상적인 행동처럼 느껴지기 때문이다.

이런 소비는 하루의 기분이나 생활 리듬과도 연결되어 있다. 어떤 사람은 아침에 커피를 사면서 하루를 시작하고, 어떤 사람은 퇴근 후 간단한 간식을 사면서 하루를 마무리한다. 이런 행동은 특별한 계획이 아니라 생활의 습관처럼 반복된다. 그래서 사람들은 자신이 일정한 방식으로 소비하고 있다는 사실을 뒤늦게 깨닫기도 한다. 작은 선택이 반복되면서 하나의 소비 패턴이 만들어지는 것이다.

소비의 기준은 생활 속에서 만들어진다

사람들은 어느 순간부터 자신만의 소비 기준을 만들기 시작한다. 예를 들어 어떤 사람은 "이 정도 가격이면 괜찮다"라는 생각을 자연스럽게 하게 된다. 그 기준은 책에서 배우는 것이 아니라 생활 속 경험에서 만들어진다. 처음에는 가격을 고민하면서 소비를 하지만 시간이 지나면 비슷한 상황에서 같은 선택을 하게 된다. 이런 과정이 반복되면서 개인의 소비 기준이 형성된다.

예를 들어 한 사람이 여행을 자주 다니기 시작하면 여행에 쓰는 돈은 아깝지 않다고 느끼게 된다. 반대로 다른 사람은 외식에는 돈을 쓰지 않지만 취미 활동에는 아낌없이 지출하기도 한다. 이런 차이는 단순히 소득의 차이 때문이 아니라 생활 속 경험에서 만들어진 기준 때문이다. 그래서 같은 금액이라도 어떤 사람에게는 가치 있는 소비가 되고 다른 사람에게는 불필요한 소비로 느껴지기도 한다. 이렇게 사람들의 생활 속에서 만들어진 기준이 반복되면서 결국 각자의 돈의 흐름을 조금씩 다르게 만들기 시작한다.

2

작은 지출이
생활을 바꾸는 순간

사람들의 소비를 오래 지켜보다 보면 큰 돈보다 작은 돈이 생활을 더 크게 움직이는 장면을 자주 보게 된다. 사람들은 보통 자동차나 집 같은 큰 소비는 오래 고민하지만, 일상 속의 작은 지출은 거의 생각하지 않고 지나가는 경우가 많다. 하지만 실제 생활에서는 이런 작은 지출들이 반복되면서 예상보다 큰 흐름을 만들어 내기도 한다. 예를 들어 하루에 몇 천 원 정도의 소비는 크게 느껴지지 않지만 그것이 매일 이어지면 한 달의 생활비 구조가 달라지기도 한다. 이런 장면을 여러 사람의 생활 속에서 반복적으로 발견하게 되면 돈의 흐름이 반드시 큰 선택에서만 만들어지는 것이 아니라는 사실을 자연스럽게 깨닫게 된다.

매일 반복되는 작은 소비의 힘

사람들은 하루 동안 여러 번 작은 소비를 경험한다. 출근길에 커피를 사거나, 점심시간에 음료를 사거나, 퇴근 후 편의점에 들러 간단한 간식을 추가로 사는 장면이 대표적이다. 이런 소비는 그 순간에는 큰 의미가 없는 것처럼 보인다. 하루에 몇 천 원 정도의 금액이기 때문에 생활에 큰 영향을 주지 않을 것처럼 느껴지기 때문이다. 그래서 많은 사람들은 이런 지출을 특별히 기록하지도 않고 기억하지도 않는다.

하지만 이런 소비가 매일 반복되면 이야기가 조금 달라진다. 예를 들어 매일 커피 한 잔을 사는 사람이 있다고 가정해 보자. 그 커피 한 잔은 하루의 기분을 좋게 만드는 작은 즐거움일 수 있다. 그런데 그 소비가 일 년 동안 이어지면 생각보다 큰 금액이 된다. 물론 커피를 사는 것이 잘못된 선택은 아니다. 다만 사람들이 작은 소비가 반복되면서 어떤 흐름을 만들고 있는지 잘 느끼지 못한다는 점이 중요하다.

생각 없이 이루어지는 소비의 순간

일상 속 소비는 많은 경우 깊은 고민 없이 이루어진다. 사람들은 보통 피곤하거나 바쁠 때 빠르게 선택을 하게 된다. 예를 들어 퇴근길에 배가 고프면 음식점이나 배달음식을 쉽게 선택하게 된다. 집에서 요리를 할 수도 있지만 그 순간에는 편리함이 더 크게 느껴진다. 이런 선택은 그날 하루를 편하게 만들어 주는 장점이 있다.

하지만 이런 선택이 반복되면 생활의 소비 구조가 조금씩 바뀌기 시작한다. 예를 들어 처음에는 일주일에 한 번 정도 외식을 하던 사람이 어느 순간부터는 자연스럽게 외식을 선택하게 되는 경우도 있다. 이런 변화는 갑자기 나타나는 것이 아니라 아주 천천히 만들어진다. 그래서 사람들은 자신의 소비 방식이 바뀌고 있다는 사실을 뒤늦게 깨닫는 경우도 많다.

작은 차이가 시간이 지나면 커진다

사람들의 생활을 비교해 보면 아주 흥미로운 장면을 발견할 수 있다. 비슷한 소득을 가진 두 사람이 시간이 지나면서 서로 다른 경제 상태를 가지게 되는 경우가 있기 때문이다. 그 차이는 반드시 큰 투자나 큰 기회에서만 만들어지는 것이 아니다. 오히려 생활 속 작은 선택에서 시작되는 경우도 많다.

예를 들어 어떤 사람은 하루의 작은 소비를 조금씩 줄이면서 그 돈을 다른 곳에 사용하기도 한다. 반대로 다른 사람은 같은 금액을 별생각 없이 계속 사용하기도 한다. 처음에는 두 사람의 생활이 거의 비슷해 보이지만 시간이 지나면서 작은 차이가 점점 쌓이기 시작한다. 결국 몇 년이 지나면 생활 속 여유의 크기에서도 차이가 나타나는 장면을 보게 된다.

작은 소비를 바라보는 시선이 달라질 때

돈의 흐름을 오래 관찰해 온 사람들은 작은 소비를 무조건 줄이려고 하지는 않는다. 오히려 그 소비가 어떤 의미를 가지고 있는지를 먼저 살펴본다. 어떤 소비는 생활의 만족을 높여 주는 역할을 하기도 한다. 예를 들어 친구와 함께 마시는 커피 한 잔은 단순한 지출이 아니라 관계를 유지하는 시간이 될 수도 있다. 그래서 모든 작은 소비를 줄이는 것이 좋은 선택은 아니다.

중요한 것은 그 소비가 습관인지 선택인지 스스로 알고 있는 것이다. 예를 들어 같은 커피를 마시더라도 어떤 날은 꼭 필요한 휴식이 될 수 있고 어떤 날은 단순히 습관 때문에 이루어지는 소비일 수도 있다. 이런 차이를 조금씩 인식하기 시작하면 사람들의 소비 방식도 조금씩 달라지기 시작한다. 그리고 이런 변화는 거창한 계획 없이도 생활 속에서 자연스럽게 나타나는 경우가 많다.

3

돈이 모이는
사람들의 소비 기준

　사람들의 소비를 오래 관찰하다 보면 돈이 모이는 사람들에게는 공통적인 특징이 있다는 사실을 자연스럽게 발견하게 된다. 그들은 특별히 더 많은 돈을 벌거나 복잡한 재테크를 하는 경우가 아니어도 생활 속에서 조금 다른 기준을 가지고 소비를 선택한다. 겉으로 보면 평범한 생활을 하는 것처럼 보이지만, 돈을 사용하는 순간마다 작은 기준이 작동하는 모습이 보이기도 한다. 예를 들어 물건을 살 때 한 번 더 생각하거나, 지금 꼭 필요한지 잠깐 멈춰 보는 습관이 있다. 이런 행동은 아주 사소해 보이지만 시간이 지나면서 생활 속 돈의 흐름을 조금씩 바꾸기 시작한다. 결국 돈이 모이는 사람들의 소비 방식은 거창한 전략이 아니라 생활 속에서 만들어진 기준에서 시작되는 경우가 많다.

필요한 것과 갖고 싶은 것을 구분하는 순간

돈이 모이는 사람들을 보면 소비를 결정하는 순간에 한 가지 질문을 자연스럽게 떠올리는 경우가 많다. 바로 이것이 정말 필요한 것인지, 아니면 단순히 갖고 싶은 것인지 구분해 보는 것이다. 예를 들어 쇼핑몰에서 마음에 드는 신발을 발견했을 때 바로 구매하기보다는 집에 이미 비슷한 신발이 있는지 떠올려 본다. 이런 생각은 소비를 무조건 줄이기 위한 것이 아니라 선택의 이유를 확인하는 과정에 가깝다.

생활 속에서도 이런 모습은 어렵지 않게 발견된다. 어떤 사람은 매장에서 물건을 고르다가도 "지금 당장 사용할 일이 있을까"라는 질문을 스스로에게 던지기도 한다. 그 질문 하나 때문에 소비를 멈추는 경우도 있고, 반대로 필요하다고 느껴지면 편하게 구매하기도 한다. 이렇게 필요한 것과 단순히 갖고 싶은 것을 구분하는 습관이 생기면 소비의 흐름이 조금씩 달라진다. 물건을 덜 사기 때문이 아니라 소비의 이유가 분명해지기 때문이다.

가격보다 생활의 가치를 먼저 생각하는 선택

돈이 모이는 사람들의 소비를 자세히 보면 가격만 보고 물건을 고르는 경우가 많지 않다. 대신 그 물건이 생활에 어떤 가치를 만들어 주는지 먼저 떠올려 보는 경우가 많다. 예를 들어 같은 가격의 물건이 두 개 있을 때 단순히 더 저렴한 제품을 선택하기보다 오래 사용할 수 있는 제품을 고르기도 한다. 이런 선택은 처음에는 조금 더 비싸게 느껴질 수 있지만 시간이 지나면 오히려 효율적인 소비가 되기도 한다.

예를 들어 어떤 사람은 매년 저렴한 가방을 여러 번 사기보다 조금 더 튼튼한 가방을 사 오래 사용하는 선택을 하기도 한다. 처음에는 가격이 부담스럽게 느껴질 수 있지만 몇 년 동안 같은 가방을 사용하게 되면 지출이 오히려 줄어들기도 한다. 이런 소비 방식은 단순히 절약하려는 행동이라기보다 생활의 가치를 기준으로 판단하는 선택에 가깝다. 그래서 돈이 모이는 사람들의 소비는 무조건 아끼는 모습이라기보다 생각하며 사용하는 모습에 더 가깝다.

소비의 타이밍을 잠시 늦추는 습관

돈의 흐름을 오래 관찰하다 보면 소비의 타이밍도 중요한 역할을 한다는 사실을 알게 된다. 어떤 사람들은 사고 싶은 물건이 생기면 바로 결제하는 반면, 어떤 사람들은 잠시 시간을 두고 다시 생각해 보는 습관이 있다. 예를 들어 전자제품을 사고 싶을 때 바로 구매하기보다는 며칠 정도 시간을 두고 생각해 보는 것이다. 그동안 정말 필요한 물건인지, 다른 선택이 있는지 천천히 살펴보는 과정이 생긴다.

이렇게 시간을 두는 습관은 소비의 방향을 바꾸기도 한다. 며칠이 지나면 그 물건에 대한 관심이 자연스럽게 줄어드는 경우도 있기 때문이다. 반대로 시간이 지나도 계속 필요하다고 느껴지면 훨씬 확신을 가지고 구매할 수 있다. 이런 방식은 소비를 억지로 줄이려는 행동이라기보다 판단의 시간을 만드는 습관에 가깝다. 그래서 생활 속에서 돈의 흐름을 조금 더 안정적으로 만들어 주기도 한다.

자신에게 중요한 곳에 돈을 사용하는 기준

돈이 모이는 사람들의 생활을 자세히 들여다보면 또 하나의 특징을 발견할 수 있다. 바로 모든 소비를 줄이기보다는 자신에게 중요한 곳에 돈을 사용하는 기준을 가지고 있다는 점이다. 어떤 사람은 친구들과의 식사에는 기꺼이 돈을 쓰지만 충동적인 쇼핑에는 거의 돈을 쓰지 않는다. 또 어떤 사람은 취미 활동에는 적극적으로 소비하지만 일상적인 물건은 비교적 단순하게 사용하는 모습을 보이기도 한다.

예를 들어 어떤 직장인은 여행을 매우 중요하게 생각하기 때문에 여행을 위한 비용은 꾸준히 준비한다. 대신 평소의 생활에서는 큰 지출을 만들지 않도록 소비를 단순하게 유지한다. 이런 방식은 특별한 재테크 전략이라기보다 생활 속 우선순위를 정하는 선택에 가깝다. 이렇게 자신에게 중요한 소비와 그렇지 않은 소비를 구분하는 기준이 생기면 돈의 흐름도 조금씩 달라지기 시작한다. 결국 이런 생활 속 기준이 반복되면서 시간이 지나면 사람마다 다른 자산의 흐름을 만들어 내기도 한다.

4

반복되는
소비의 구조

　사람들의 생활 속 돈의 흐름을 오래 지켜보면 소비에는 일정한 구조가 있다는 사실을 자연스럽게 발견하게 된다. 대부분의 사람들은 자신이 매번 새로운 선택을 한다고 생각하지만 실제로는 비슷한 방식의 소비를 반복하는 경우가 많다. 출근길에 들르는 카페, 주말마다 찾는 쇼핑몰, 스트레스를 받으면 자연스럽게 선택하는 음식 같은 것들이 대표적인 예다. 이런 소비는 특별히 계획한 것이 아니라 생활 속에서 자연스럽게 만들어진 행동이다. 그래서 사람들은 자신이 일정한 방식으로 돈을 사용하고 있다는 사실을 잘 느끼지 못하기도 한다. 하지만 생활을 조금만 천천히 돌아보면 소비가 반복되는 패턴 속에서 이루어지고 있다는 사실을 발견하게 된다. 이런 반복은 단순한 습관처럼 보이지만 시간이 지나면서 개인의 돈의 흐름을 만들어 가는 중요한 요소가 되기도 한다.

하루의 흐름 속에서 만들어지는 소비

사람들의 소비는 종종 하루의 생활 흐름 속에서 자연스럽게 만들어진다. 예를 들어 아침에 출근하면서 커피를 사는 사람은 그 행동을 특별한 소비라고 생각하지 않는다. 단지 하루를 시작하는 작은 습관처럼 느껴질 뿐이다. 하지만 이런 행동이 매일 반복되면 하나의 소비 구조가 만들어지기 시작한다. 사람들은 어느 순간부터 아침 커피가 없는 하루를 어색하게 느끼기도 한다.

비슷한 장면은 점심시간이나 퇴근 후에도 자주 나타난다. 직장 동료들과 점심을 먹는 장소가 어느 정도 정해지면 자연스럽게 비슷한 소비가 이어진다. 퇴근 후에도 습관처럼 편의점에 들르거나 간단한 음식을 사는 경우가 있다. 이런 소비는 크게 고민하지 않아도 이루어지기 때문에 생활 속에서 자연스럽게 반복된다. 결국 하루의 생활 리듬이 소비의 구조를 만들고 있는 셈이다.

익숙한 선택이 계속 반복되는 이유

사람들이 비슷한 소비를 반복하는 이유 중 하나는 익숙함 때문이다. 우리는 낯선 선택보다 익숙한 선택을 더 편하게 느끼는 경향이 있다. 예를 들어 새로운 식당을 찾기보다 자주 가던 식당을 다시 선택하는 경우가 많다. 그곳의 가격과 맛을 이미 알고 있기 때문에 고민할 필요가 없기 때문이다. 이런 선택은 시간을 아껴 주고 마음을 편하게 만들어 주기도 한다.

하지만 이런 익숙한 선택이 계속 반복되면 소비의 방향도 자연스럽게 고정되기 시작한다. 예를 들어 매주 같은 카페를 방문하다 보면 그곳이 자연스러운 소비 장소가 된다. 그러다 보면 다른 선택을 떠올리기보다 늘 같은 선택을 하게 된다. 이렇게 만들어진 반복은 특별한 계획 없이도 생활 속 지출의 흐름을 만들어 간다.

작은 소비가 연결되면서 만들어지는 흐름

소비 구조는 한 번의 큰 선택보다 여러 개의 작은 소비가 연결되면서 만들어지는 경우가 많다. 주말에 외출을 하면서 커피를 마시고, 간단한 간식을 사고, 쇼핑을 하는 장면을 떠올려 보면 이해하기 쉽다. 각각의 소비는 크지 않은 금액이지만 여러 행동이 이어지면서 생각보다 큰 지출이 되기도 한다. 하지만 대부분의 사람들은 이런 흐름을 크게 의식하지 않는다.

예를 들어 친구와 만난 날을 떠올려 보면 이런 장면이 자주 나타난다. 카페에서 커피를 마시고, 산책을 하다가 간식을 사고, 저녁이 되면 식사를 하게 된다. 각각의 소비는 자연스럽게 이어지기 때문에 특별히 큰 지출처럼 느껴지지 않는다. 하지만 이런 흐름이 반복되면 생활 속 지출의 방향이 점점 정해지기 시작한다. 이렇게 여러 작은 소비가 연결되면서 하나의 소비 구조가 만들어진다.

소비 구조를 알아차리는 순간

돈의 흐름을 오래 관찰해 온 사람들은 어느 순간 자신의 소비 구조를 조금씩 알아차리게 된다. 한 달 동안 비슷한 장소에서 비슷한 소비가 반복되고 있다는 사실을 발견하기도 한다. 이런 발견은 소비를 줄이기 위한 것이 아니라 생활의 흐름을 이해하는 과정에 가깝다. 사람들이 어떤 상황에서 소비를 하는지 알게 되면 선택의 방식도 조금 달라지기 시작한다.

예를 들어 어떤 사람은 퇴근 후 습관처럼 음식을 주문한다는 사실을 깨닫기도 한다. 그 이유가 단순히 배가 고파서가 아니라 하루의 피로를 풀기 위한 행동이라는 것을 알게 되는 것이다. 이런 순간이 생기면 소비의 방식도 조금씩 바뀐다. 어떤 날은 같은 선택을 하고 어떤 날은 다른 선택을 해 보기도 한다. 이렇게 자신의 소비 구조를 이해하기 시작하면 생활 속 돈의 흐름도 조금씩 다른 방향으로 움직이기 시작한다.

5

소비의 흐름을
바꾸는 방법

사람들의 소비를 오래 지켜보다 보면 돈의 흐름은 생각보다 쉽게 바뀌지 않는다는 사실을 알게 된다. 대부분의 사람들은 새로운 결심을 하더라도 얼마 지나지 않아 다시 이전의 소비 방식으로 돌아가는 경우가 많다. 예를 들어 이번 달부터는 불필요한 지출을 줄이겠다고 마음먹지만 며칠이 지나면 다시 익숙한 소비를 하게 되는 장면을 자주 볼 수 있다. 이것은 의지가 약해서라기보다 소비가 이미 생활 속 구조로 자리 잡고 있기 때문이다. 그래서 돈의 흐름을 바꾸기 위해서는 단순히 절약을 결심하는 것보다 생활 속 소비의 흐름을 조금씩 바꾸는 과정이 필요하다. 작은 선택을 다르게 만들기 시작하면 생활 속 돈의 움직임도 자연스럽게 다른 방향으로 움직이기 시작한다.

소비를 알아차리는 순간부터 흐름이 달라진다

소비의 흐름을 바꾸기 위해 가장 먼저 필요한 것은 자신의 소비를 알아차리는 일이다. 사람들은 생각보다 많은 소비를 거의 의식하지 않은 채 반복한다. 출근길에 들르는 카페나 퇴근 후 습관처럼 주문하는 음식 같은 것들이 그렇다. 이런 소비는 생활의 일부처럼 느껴지기 때문에 특별히 돈을 사용하고 있다는 느낌이 들지 않기도 한다. 하지만 어느 날 카드 사용 내역을 천천히 살펴보면 비슷한 소비가 계속 반복되고 있다는 사실을 발견하게 된다.

예를 들어 어떤 직장인은 한 달 동안 커피를 얼마나 마셨는지 기록을 보다가 깜짝 놀라기도 한다. 하루에는 작은 금액이지만 한 달 동안 이어지면 생각보다 큰 금액이 되기 때문이다. 이런 순간이 바로 소비 흐름을 바꾸는 출발점이 되기도 한다. 소비를 줄이기 위해 억지로 노력하기보다 먼저 자신의 생활 속 소비가 어떤 모습으로 반복되고 있는지 알아보는 것이 중요하다. 이런 인식이 생기면 소비를 바라보는 시선도 자연스럽게 달라지기 시작한다.

소비의 타이밍을 조금 늦추는 방법

돈의 흐름을 바꾸는 또 하나의 방법은 소비의 타이밍을 조금 늦추는 것이다. 사람들은 사고 싶은 물건이 생기면 바로 결제하는 경우가 많다. 특히 온라인 쇼핑이 익숙해진 요즘에는 몇 번의 화면 터치만으로 소비가 이루어지기도 한다. 이런 환경에서는 생각할 시간이 거의 없이 소비가 결정되기도 한다. 그래서 소비의 순간에 잠깐의 시간을 만드는 것이 생각보다 큰 변화를 만들기도 한다.

예를 들어 어떤 사람은 사고 싶은 물건이 생기면 바로 결제하지 않고 하루 정도 기다려 보는 습관을 만들기도 한다. 그 사이에 정말 필요한 물건인지 다시 생각해 보는 것이다. 신기하게도 하루가 지나면 관심이 자연스럽게 줄어드는 경우도 많다. 반대로 시간이 지나도 계속 필요하다고 느껴지면 훨씬 편안한 마음으로 구매할 수 있다. 이렇게 소비의 타이밍을 조금 늦추는 것만으로도 생활 속 지출의 흐름이 달라지기 시작한다.

작은 구조를 바꾸면 소비도 달라진다

생활 속 소비는 환경의 영향을 많이 받는다. 그래서 소비를 줄이기 위해서는 의지만으로 노력하기보다 생활의 구조를 조금 바꾸는 것이 도움이 되기도 한다. 예를 들어 출근길에 항상 카페를 지나가면 자연스럽게 커피를 사게 되는 경우가 있다. 이런 상황에서는 커피를 마시지 않겠다고 다짐하기보다 집에서 간단한 음료를 준비하는 방식이 더 쉽게 이어질 수 있다.

또 어떤 사람은 퇴근 후 배달 음식을 자주 주문하는 습관이 있었는데 냉장고에 간단히 먹을 수 있는 음식을 준비해 두면서 소비가 줄어들기도 했다. 이런 변화는 큰 결심이 아니라 생활의 작은 구조를 바꾸는 것에서 시작된다. 환경이 달라지면 선택도 자연스럽게 달라지기 때문이다. 그래서 돈의 흐름을 바꾸는 일은 의지를 시험하는 일이 아니라 생활을 조금 더 편하게 만드는 과정이라고 볼 수도 있다.

자신에게 맞는 소비 기준을 만드는 과정

소비의 흐름이 바뀌기 시작하면 사람들은 조금씩 자신만의 소비 기준을 만들게 된다. 어떤 소비는 생활의 즐거움을 위해 필요하다고 느껴지고 어떤 소비는 굳이 반복할 필요가 없다고 느껴지기도 한다. 이런 기준은 책에서 배우는 공식이 아니라 생활 속 경험에서 자연스럽게 만들어지는 경우가 많다. 예를 들어 어떤 사람은 친구들과의 식사에는 기꺼이 돈을 쓰지만 충동적인 쇼핑은 거의 하지 않기도 한다.

또 다른 사람은 취미 활동에는 적극적으로 소비하지만 일상적인 물건은 오래 사용하는 선택을 하기도 한다. 이런 기준은 사람마다 다르지만 공통점이 있다. 바로 소비를 무조건 줄이려 하기보다 자신에게 의미 있는 소비를 선택하기 시작한다는 점이다. 이런 기준이 반복되면서 생활 속 돈의 흐름도 조금씩 안정되기 시작한다. 결국 소비의 흐름을 바꾸는 방법은 거창한 계획에서 시작되는 것이 아니라 일상 속 작은 선택을 조금씩 다르게 만드는 과정에서 시작된다.

돈의 심리학
사람들은 왜 충동적으로 소비할까

돈을 사용하는 순간의 모습을 가만히 떠올려 보면 사람들은 언제나 충분히 생각한 뒤에 소비를 결정하는 것처럼 보이지만 실제 생활에서는 그렇지 않은 경우가 훨씬 많다. 우리는 필요한 물건을 신중하게 비교하고 계산한 뒤에 구매한다고 생각하지만 일상의 많은 소비는 아주 짧은 순간에 이루어진다. 마트에서 계산대 앞에 놓인 간식, 휴대전화 화면에 뜬 할인 알림, 길을 걷다 보게 된 예쁜 물건처럼 예상하지 못한 순간에 소비는 쉽게 시작된다. 이런 소비는 특별한 계획 없이도 자연스럽게 일어나기 때문에 스스로도 왜 샀는지 설명하기 어려울 때가 있다. 그래서 돈의 심리를 이해하려면 먼저 사람들이 소비를 결정하는 순간이 얼마나 감정과 분위기에 영향을 받는지 살펴볼 필요가 있다.

사람들이 충동적으로 소비하게 되는 가장 큰 이유 가운데 하나는 바로 순간적인 만족감 때문이다. 물건을 사는 행위 자체가 작은 즐거움을 만들어 주기 때문이다. 새로운 물건을 고르는 순간에는 일상의 피로가 잠시 잊히고 기분이 좋아지는 경험을 하기도 한다. 그래서 어떤 사람들은 스트레스를 받거나 기분이 가라앉을 때 쇼핑을 하면서 마음이 조금 가벼워지는 느낌을 받기도 한다. 이런 경험이 반복되면 소비는 단순히 물건을 얻는 행동이 아니라 기분을 바꾸는 방법처럼 느껴지기도 한다. 그렇게 되면 필요 여부보다 순간의 감정이 소비를 결정하는 일이 점점 늘어나게 된다.

생활 속에서 흔히 볼 수 있는 장면도 비슷하다. 예를 들어 퇴근길에 특별히 배가 고프지 않았는데도 길가의 음식 냄새에 이끌려 간식을 사는 경우가 있다. 또 온라인 쇼핑을 하다가 계획에 없던 물건을 장바구니에 담게되는 순간도 있다. 처음에는 단순히 구경만 하려고 했지만 할인 문구나 남은 수량 표시를 보는 순간 마음이 흔들리기도 한다. 이런 상황에서는 소비가 꼭 필요한지 차분하게 생각하기보다 지금 사지 않으면 놓칠 것 같은 느낌이 먼저 떠오른다. 그 순간의 감정이 소비를 결정하는 것이다.

또 다른 이유는 소비 기준이 생각보다 쉽게 흔들리기 때문이다. 사람들은 평소에는 나름의 소비 기준을 가지고 있다고 생각한다. 예를 들어 필요하지 않은 물건은 사지 않겠다고 마음먹거나 이번 달에는 지출을 줄이겠다고 계획하기도 한다. 하지만 실제 생활에서는 이런 기준이 생각보다 쉽게 흔들리는 순간이 찾아온다. 친구와 함께 쇼핑을 하거나 분위기가 좋은 장소에 있을 때, 혹은 주변 사람들이 모두 소비하고 있을 때 평소의 기준은 조금씩 느슨해지기도 한다. 이런 상황에서는 평소와 다른 선택을 하게 되는 경우가 많다.

소비가 반복되면서 습관이 만들어지는 과정도 흥미로운 부분이다. 어떤 소비는 처음에는 특별한 행동처럼 느껴지지만 시간이 지나면 자연스러운 일상이 되기도 한다. 예를 들어 처음에는 특별한 날에만 사던 커피가 어느 순간 매일의 습관이 되기도 한다. 또 주말마다 온라인 쇼핑을 하는 일이 반복되면서 그것이 하나의 생활 패턴이 되기도 한다. 이렇게 반복되는 소비는 점점 생각 없이 이루어지기 시작한다. 그래서 사람들은 나중에 지출을 돌아보며 "언제 이렇게 많이 썼지"라는 생각을 하기도 한다.

이처럼 충동적인 소비는 특별한 사람에게만 나타나는 행동이 아니다. 대부분의 사람들은 생활 속에서 비슷한 경험을 반복한다. 어떤 날은 계획했던 소비만 하기도 하지만 어떤 날은 예상하지 못한 지출이 생기기도 한다. 중요한 것은 이런 행동이 자신의 성격 때문이라기보다 사람이라면 누구나 경험하는 심리적인 흐름이라는 점이다. 그래서 소비를 이해하려면 먼저 자신의 소비 순간을 천천히 돌아보는 것이 도움이 된다. 어떤 상황에서 마음이 흔들렸는지, 어떤 감정이 소비를 만들었는지 생각해 보면 자신의 소비 패턴이 조금씩 보이기 시작한다.

돈의 심리를 이해한다는 것은 단순히 소비를 줄이기 위한 기술을 배우는 일이 아니다. 사람들이 돈을 사용할 때 어떤 생각과 감정을 경험하는지 이해하는 과정이기도 하다. 생활 속에서 반복되는 작은 소비의 순간을 살펴보면 우리는 돈을 사용하는 이유가 꼭 필요 때문만은 아니라는 사실을 알게 된다. 때로는 기분 때문이고 때로는 분위기 때문이며 때로는 습관 때문이다. 이런 흐름을 이해하기 시작하면 소비를 바라보는 시선도 조금씩 달라지기 시작한다. 그러면 돈을 쓰는 순간에도 자신의 선택을 조금 더 차분하게 바라볼 수 있는 여유가 생긴다.

PART 3

시간을 쓰는 방식이
돈의 방향을 만든다

1

시간을 보내는 사람과
시간을 사용하는 사람

시간에 대해 이야기할 때 사람들은 흔히 "시간이 부족하다"는 말을 자주 한다. 하지만 조금만 생활을 천천히 들여다보면 시간의 양이 부족하다기보다 시간을 사용하는 방식이 서로 다르다는 사실을 발견하게 된다. 어떤 사람은 하루가 금방 지나가 버렸다고 말하고, 어떤 사람은 같은 하루 동안 꽤 많은 일을 해냈다고 이야기한다. 이 차이는 능력이나 성격 때문이라기보다 시간을 바라보는 태도에서 시작되는 경우가 많다. 돈과 마찬가지로 시간 역시 누구에게나 같은 양으로 주어지지만 그 시간을 어떻게 사용하느냐에 따라 결과는 크게 달라진다. 그래서 시간을 보내는 방식과 시간을 사용하는 방식의 차이를 이해하는 것은 돈의 흐름을 이해하는 데에도 중요한 단서가 된다. 생활 속에서 시간을 어떻게 다루는지를 천천히 살펴보면 우리가 어떤 선택을 하고 있는지도 자연스럽게 보이기 시작한다.

시간이 흘러가도록 두는 하루

많은 사람들은 특별한 계획 없이 하루를 시작하는 경우가 많다. 아침에 일어나면 자연스럽게 휴대전화를 확인하고, 출근길에는 SNS 나 짧은 영상을 보며 시간을 보내기도 한다. 이런 행동 자체가 나쁜 것은 아니지만 어느 순간 하루의 상당한 시간이 이런 방식으로 지나 가기도 한다. 예를 들어 저녁에 집에 돌아와 잠깐 쉬려고 소파에 앉 았다가 영상 한 편을 보고, 이어서 또 다른 영상을 보게 되면서 한두 시간이 금방 지나가는 경험은 누구에게나 익숙하다. 그 순간에는 단 순한 휴식처럼 느껴지지만 시간이 지나고 나면 특별히 남는 것이 없 다는 느낌이 들기도 한다. 이렇게 하루가 반복되면 사람들은 시간이 부족하다고 느끼기 시작한다. 사실은 시간이 사라진 것이 아니라 방 향 없이 흘러가 버린 것이다. 그래서 많은 사람들은 하루가 끝날 때 "오늘 뭐 했지?"라는 생각을 하기도 한다. 이처럼 시간을 그냥 보내 는 하루는 특별한 사건 없이도 자연스럽게 반복된다.

같은 생활 속에서도 비슷한 장면은 쉽게 발견된다. 예를 들어 주말 아침에 특별한 계획 없이 휴대전화를 보다가 오전 시간이 금방 지나 가는 경우가 있다. 처음에는 잠깐 확인하려던 메시지나 영상이 이어 지면서 시간이 조금씩 흘러간다. 그러다 보면 점심 시간이 되고 하루 의 절반이 지나가기도 한다. 이런 경험은 누구에게나 익숙하기 때문에 특별하게 느껴지지 않지만 시간이 쌓이면 하루의 사용 방식이 조금씩 고정되기도 한다. 시간을 흘려보내는 방식이 반복되면 생활의 흐름도 자연스럽게 그 방향으로 흘러가게 된다. 그래서 시간을 그냥 보내는 습관은 생각보다 큰 영향을 남기기도 한다.

시간을 사용하기 시작하는 작은 차이

비슷한 하루를 보내더라도 어떤 사람들은 시간을 조금 다른 방식으로 사용한다. 예를 들어 같은 퇴근 시간 이후에도 어떤 사람은 하루 동안 있었던 일을 정리하거나 짧은 공부를 하기도 한다. 또 어떤 사람은 다음 날의 계획을 미리 정리하거나 가볍게 운동을 하면서 시간을 보내기도 한다. 이런 행동들은 처음에는 작은 차이처럼 보이지만 시간이 지나면 생활의 흐름을 조금씩 바꾸기도 한다. 예를 들어 하루에 삼십 분씩 책을 읽는 사람이 있다고 생각해 보자. 처음에는 큰 변화가 느껴지지 않지만 몇 달이 지나면 여러 권의 책을 읽게 되고 생각의 폭도 조금씩 넓어지게 된다. 이처럼 시간을 사용하는 방식은 눈에 띄지 않게 생활의 방향을 바꾸기도 한다.

생활 속에서도 이런 장면은 쉽게 발견된다. 어떤 사람은 퇴근 후 시간을 보내기 위해 쇼핑몰을 둘러보기도 하고 어떤 사람은 같은 시간에 온라인 강의를 듣거나 취미 활동을 하기도 한다. 두 사람 모두 같은 시간을 사용하지만 그 시간이 만들어 내는 경험은 서로 다르다. 쇼핑몰을 돌아다니는 시간은 소비로 이어질 가능성이 높고, 새로운 기술을 배우는 시간은 경험이나 능력으로 이어지기도 한다. 이런 차이는 처음에는 크지 않아 보이지만 시간이 지나면 생활의 모습이 조금씩 달라지기 시작한다. 그래서 시간을 어떻게 쓰느냐는 단순한 습관이 아니라 생활의 방향을 결정하는 선택이 되기도 한다.

시간의 선택이 소비를 바꾸는 순간

시간을 사용하는 방식은 소비 습관에도 영향을 주기 시작한다. 예를 들어 어떤 사람은 여유 시간이 생기면 온라인 쇼핑을 하며 시간을 보내기도 한다. 상품을 구경하다 보면 자연스럽게 할인 정보나 추천 상품을 보게 되고 계획에 없던 물건을 구매하는 경우도 생긴다. 처음에는 단순히 시간을 보내기 위한 행동이었지만 결국 소비로 이어지는 것이다. 이런 경험은 많은 사람들이 반복적으로 겪는다. 그래서 시간을 보내는 방식이 소비의 흐름을 만들기도 한다.

반대로 시간을 다른 방식으로 사용하는 사람도 있다. 예를 들어 어떤 사람은 여유 시간이 생기면 운동을 하거나 독서를 하며 시간을 보내기도 한다. 이런 활동은 바로 소비로 이어지지 않기 때문에 지출의 흐름도 자연스럽게 달라진다. 또 어떤 사람은 취미 활동을 하면서 새로운 기술을 배우기도 한다. 시간이 지나면 그 경험이 또 다른 기회로 이어지기도 한다. 이렇게 시간을 어떻게 사용하는지에 따라 소비의 방향도 조금씩 바뀌기 시작한다. 그래서 시간은 단순히 흘러가는 자원이 아니라 소비의 흐름을 움직이는 요소가 되기도 한다.

시간의 방향이 생활의 방향을 만든다

시간을 어떻게 사용하는지는 결국 생활 전체의 방향을 만들기 시작한다. 하루의 작은 선택이 반복되면 생활의 모습이 조금씩 달라지기 때문이다. 예를 들어 하루에 삼십 분씩 운동을 하는 사람과 그렇지 않은 사람은 몇 달이 지나면 생활의 리듬이 달라지기 시작한다. 또 하루에 조금씩 공부를 하는 사람은 시간이 지나면서 새로운 기회를 발견하기도 한다. 이런 변화는 갑자기 나타나는 것이 아니라 시간이 쌓이면서 자연스럽게 만들어진다. 그래서 시간의 사용 방식은 눈에 띄지 않게 삶의 흐름을 바꾸기도 한다.

생활 속에서도 이런 차이는 천천히 나타난다. 어떤 사람은 시간을 보내는 방식이 계속 반복되면서 하루가 빠르게 지나간다고 느끼기도 한다. 반면 어떤 사람은 같은 하루 속에서도 여러 가지 경험을 쌓으며 생활의 방향을 조금씩 바꾸기도 한다. 이 차이는 거창한 계획에서 시작되는 것이 아니라 아주 작은 선택에서 시작된다. 하루 중 잠깐의 시간을 어떻게 쓰는지에 따라 생활의 흐름은 조금씩 달라지기 시작한다. 그래서 시간을 보내는 사람과 시간을 사용하는 사람의 차이는 특별한 능력이 아니라 생활 속에서 반복되는 선택에서 만들어진다.

2

시간이
돈이 되는 순간

하루를 돌아보면 우리는 생각보다 많은 시간을 다양한 방식으로 사용하고 있다. 어떤 시간은 단순한 휴식으로 지나가기도 하고 어떤 시간은 새로운 기회를 만들어 주기도 한다. 같은 하루라도 어떤 사람에게는 그냥 지나가는 시간이 되고 다른 사람에게는 작은 가능성을 만들어 주는 시간이 되기도 한다. 그래서 시간을 어떻게 쓰느냐는 단순한 생활 습관이 아니라 돈의 흐름과도 자연스럽게 연결된다. 시간은 누구에게나 똑같이 주어지지만 그것을 사용하는 방식은 사람마다 조금씩 다르게 나타난다. 생활 속에서 시간을 사용하는 방식이 달라지면 돈을 벌거나 쓰는 방식도 조금씩 달라지기 때문이다. 이런 변화는 거창한 계획에서 시작되는 것이 아니라 일상의 작은 선택에서 시작된다.

시간이 가치로 바뀌는 작은 순간

많은 사람들은 돈이 되는 활동을 특별한 일처럼 생각하지만 실제 생활에서는 아주 평범한 시간 속에서도 가치가 만들어지는 경우가 많다. 예를 들어 어떤 사람은 퇴근 후 취미로 사진을 찍기 시작했다. 처음에는 단순히 즐거움을 위한 활동이었지만 시간이 지나면서 사진을 정리하고 편집하는 기술도 조금씩 늘어나게 된다. 그러다 보면 지인이 사진 촬영을 부탁하기도 하고 작은 수입으로 이어지는 경우도 생긴다. 이런 과정은 처음부터 돈을 벌기 위한 계획으로 시작된 것이 아니었다. 하지만 시간을 쌓아가는 동안 경험이 가치로 바뀌는 순간이 만들어진 것이다.

비슷한 장면은 주변에서도 쉽게 찾아볼 수 있다. 어떤 사람은 평소에 글을 쓰는 것을 좋아해서 블로그에 자신의 경험을 정리하기 시작했다. 처음에는 단순한 기록이었지만 글이 쌓이면서 사람들이 찾아오기 시작하고 광고나 협업 제안을 받기도 한다. 이렇게 평범한 시간 속에서 만들어진 경험이 작은 경제적 가치로 이어지기도 한다. 중요한 것은 이런 과정이 하루아침에 이루어지는 것이 아니라 시간이 쌓이면서 자연스럽게 나타난다는 점이다. 그래서 시간을 꾸준히 사용하는 사람에게는 예상하지 못한 기회가 찾아오기도 한다.

시간을 투자하는 사람들의 습관

시간이 돈으로 연결되는 또 다른 순간은 어떤 일을 위해 시간을 꾸준히 사용하는 경우이다. 많은 사람들은 돈을 투자하는 것에는 익숙하지만 시간을 투자하는 개념은 조금 낯설게 느끼기도 한다. 하지만 생활 속에서 시간을 사용하는 방식은 미래의 선택에도 영향을 준다. 예를 들어 어떤 직장인은 퇴근 후 매일 조금씩 외국어 공부를 시작했다. 처음에는 업무와 직접 관련이 없었지만 몇 년이 지나면서 새로운 프로젝트에 참여할 기회를 얻기도 했다. 이렇게 시간을 꾸준히 사용하는 행동은 예상하지 못한 변화를 만들기도 한다.

이런 사례는 직장 생활뿐 아니라 다양한 분야에서 나타난다. 어떤 사람은 주말마다 온라인 강의를 들으며 새로운 기술을 배우기도 한다. 처음에는 단순한 호기심으로 시작했지만 시간이 지나면서 그 기술을 활용할 수 있는 일이 생기기도 한다. 이런 변화는 거창한 계획이 아니라 꾸준히 시간을 사용한 결과로 만들어진다. 그래서 시간을 투자한다는 말은 단순히 노력한다는 의미보다 자신의 가능성을 조금씩 넓히는 행동이라고 볼 수 있다. 이런 과정 속에서 시간은 점점 새로운 가치로 연결되기 시작한다.

정보를 찾는 시간이 기회를 만든다

시간이 돈과 연결되는 또 하나의 장면은 정보를 찾는 순간에서 나타난다. 사람들은 같은 물건을 사더라도 어떤 사람은 더 합리적인 선택을 하기도 하고 어떤 사람은 그렇지 않기도 한다. 이런 차이는 단순히 운 때문이 아니라 정보를 찾는 시간에서 만들어지는 경우가 많다. 예를 들어 여행을 계획할 때 어떤 사람은 항공권과 숙소를 비교하면서 시간을 조금 더 쓰기도 한다. 반면 어떤 사람은 눈에 보이는 상품을 바로 예약하기도 한다. 두 선택 모두 가능하지만 정보를 찾는 시간은 비용을 줄이는 결과로 이어지기도 한다.

생활 속에서도 이런 장면은 자주 나타난다. 예를 들어 가전제품을 구매할 때 어떤 사람은 여러 제품을 비교하며 리뷰를 찾아본다. 처음에는 시간이 조금 더 걸리는 것처럼 느껴지지만 나중에는 더 만족스러운 선택으로 이어지기도 한다. 반대로 충분히 알아보지 않고 구매했다가 다시 교환하거나 추가 비용이 생기는 경우도 있다. 이런 경험을 떠올려 보면 정보를 찾는 시간 역시 경제적인 선택과 연결되어 있다는 사실을 알 수 있다. 그래서 시간을 어떻게 사용하느냐에 따라 같은 소비도 다른 결과를 만들 수 있다.

시간의 축적이 새로운 길을 만든다

시간이 돈으로 연결되는 과정은 대부분 눈에 띄지 않게 진행된다. 하루의 작은 선택은 특별해 보이지 않지만 시간이 지나면 생활의 흐름을 조금씩 바꾸기 때문이다. 예를 들어 어떤 사람은 매일 짧은 시간 동안 글을 쓰거나 그림을 그리는 습관을 가지고 있다. 처음에는 단순한 취미처럼 보이지만 시간이 지나면서 그 경험이 하나의 전문성으로 이어지기도 한다. 그러다 보면 새로운 일을 시작하거나 자신만의 활동을 만들어 가는 경우도 생긴다. 이런 변화는 단번에 나타나는 것이 아니라 시간의 축적 속에서 서서히 만들어진다.

생활 속에서도 이런 모습을 쉽게 발견할 수 있다. 어떤 사람은 꾸준히 운동을 하면서 건강한 생활을 유지하고, 어떤 사람은 다양한 경험을 기록하면서 자신만의 이야기를 만들어 가기도 한다. 이런 활동은 당장 돈으로 연결되지 않더라도 시간이 지나면서 새로운 가능성을 만들어 주기도 한다. 그래서 시간을 어떻게 사용하는지는 단순한 생활 습관을 넘어 삶의 방향을 만드는 요소가 되기도 한다. 시간이 쌓이면서 만들어지는 경험과 선택은 어느 순간 예상하지 못한 기회로 이어지기도 한다. 이렇게 시간을 사용하는 방식은 결국 돈의 방향과도 자연스럽게 연결된다.

3

돈이 모이는
사람들의 하루 습관

　하루의 생활을 가만히 살펴보면 돈이 모이는 사람들의 하루는 특별한 비밀로 이루어져 있는 것처럼 보이지 않는다. 그들은 거창한 투자 전략을 매일 실천하는 것도 아니고 하루 종일 돈을 계산하며 살아가는 것도 아니다. 오히려 겉으로 보면 평범한 하루를 보내는 경우가 많다. 하지만 시간을 어떻게 쓰는지, 어떤 선택을 반복하는지, 작은 판단을 어떻게 하는지에서 차이가 조금씩 나타난다. 특히 하루의 시작과 끝에서 어떤 행동을 반복하는지가 생활의 방향을 조금씩 만들어 간다. 이런 차이는 하루만 보면 눈에 띄지 않지만 시간이 지나면서 생활의 흐름을 바꾸기 시작한다. 그래서 돈이 모이는 사람들의 하루를 보면 특별한 방법보다 생활 속 습관에서 공통점이 발견되기도 한다.

하루를 시작하는 작은 기준

돈이 모이는 사람들의 하루를 보면 아침 시간에 작은 기준을 세우는 모습을 자주 발견할 수 있다. 예를 들어 어떤 사람은 출근 전에 그날 해야 할 일을 간단히 정리하는 습관을 가지고 있다. 처음에는 단순히 일정만 확인하는 행동처럼 보이지만 이런 작은 정리가 하루의 방향을 만들어 주기도 한다. 해야 할 일이 정리되어 있으면 불필요하게 시간을 사용하는 순간이 줄어들기 때문이다. 그래서 하루를 시작할 때 잠깐의 정리 시간을 가지는 사람들은 생각보다 안정된 생활 리듬을 유지하기도 한다.

생활 속에서도 이런 장면은 쉽게 볼 수 있다. 예를 들어 어떤 직장인은 아침마다 커피를 마시며 오늘 해야 할 일 세 가지를 노트에 적는 습관이 있다. 그렇게 적어 둔 일들을 중심으로 하루를 보내다 보면 시간의 흐름이 조금 더 또렷하게 느껴진다고 이야기한다. 반대로 특별한 계획 없이 하루를 시작하면 여러 가지 일에 끌려 다니게 되는 경우도 많다. 그래서 아침의 작은 정리는 시간을 조금 더 의식적으로 사용하는 출발점이 되기도 한다. 이런 습관은 특별한 노력처럼 보이지 않지만 하루의 흐름을 안정시키는 역할을 한다.

소비를 잠깐 멈추는 습관

돈이 모이는 사람들의 하루에서 또 하나 눈에 띄는 특징은 소비의 순간에 잠깐 멈추는 행동이다. 사람들은 보통 사고 싶은 물건을 발견하면 바로 구매를 결정하는 경우가 많다. 특히 휴대전화로 쇼핑을 하는 환경에서는 몇 번의 화면 터치만으로 결제가 이루어지기도 한다. 하지만 어떤 사람들은 구매 버튼을 누르기 전에 잠깐 생각하는 시간을 갖는다. 이 짧은 멈춤이 소비의 흐름을 바꾸기도 한다.

예를 들어 어떤 사람은 온라인 쇼핑을 하다가 사고 싶은 물건이 생기면 바로 결제하지 않고 하루 정도 기다리는 습관을 가지고 있다. 그 사이에 정말 필요한 물건인지 다시 생각해 보는 것이다. 신기하게도 하루가 지나면 관심이 자연스럽게 줄어드는 경우도 많다. 반대로 시간이 지나도 계속 필요하다고 느껴지면 그때 구매를 결정한다. 이런 습관은 소비를 억지로 줄이기 위한 방법이라기보다 소비의 순간을 조금 더 차분하게 바라보는 방법이 되기도 한다. 그래서 작은 멈춤이 반복되면 지출의 흐름도 자연스럽게 달라지기 시작한다.

정보를 확인하는 작은 시간

돈이 모이는 사람들의 하루를 보면 정보를 확인하는 작은 시간이 자주 등장한다. 이것은 복잡한 경제 분석을 의미하는 것이 아니라 생활 속 선택을 조금 더 신중하게 만드는 행동에 가깝다. 예를 들어 어떤 물건을 구매하려 할 때 간단한 리뷰를 살펴보거나 다른 제품과 비교해 보는 시간을 가지는 것이다. 이런 행동은 처음에는 번거롭게 느껴질 수도 있지만 나중에는 더 만족스러운 선택으로 이어지기도 한다. 그래서 정보 판단을 위한 작은 시간은 생활 속에서 꽤 중요한 역할을 하기도 한다.

예를 들어 가전제품을 구매하려는 상황을 떠올려 보자. 어떤 사람은 매장에서 바로 보이는 제품을 구매하기도 하지만 어떤 사람은 집에 돌아와 여러 제품의 특징을 비교해 보기도 한다. 이렇게 조금 더 알아보는 시간은 선택의 기준을 분명하게 만들어 준다. 반대로 충분히 확인하지 않고 구매했다가 다시 교환하거나 추가 비용이 생기는 경우도 있다. 이런 경험을 떠올려 보면 정보를 찾는 시간 역시 생활 속 경제 행동과 연결되어 있다는 사실을 알 수 있다. 그래서 돈이 모이는 사람들은 선택 전에 잠깐의 확인 시간을 자연스럽게 사용하기도 한다.

하루를 돌아보는 짧은 습관

돈이 모이는 사람들의 하루에는 또 하나의 특징이 있다. 바로 하루가 끝날 때 자신의 생활을 잠깐 돌아보는 시간이다. 이것은 거창한 기록이나 복잡한 가계부를 의미하지 않는다. 단순히 오늘 어떤 소비를 했는지, 어떤 시간을 보냈는지 잠깐 생각해 보는 정도이다. 이런 짧은 돌아봄은 자신의 생활 흐름을 이해하는 데 도움이 되기도 한다. 그래서 하루를 정리하는 작은 습관은 생각보다 많은 사람들에게 도움이 되기도 한다.

예를 들어 어떤 사람은 잠들기 전에 휴대전화 메모장에 그날의 지출을 간단히 적어 두는 습관을 가지고 있다. 큰 금액이 아니더라도 기록을 하다 보면 자신의 소비 패턴이 조금씩 보이기 시작한다고 말한다. 어떤 날에는 불필요한 소비가 많았다는 사실을 깨닫기도 하고 어떤 날에는 계획한 지출만 했다는 사실을 확인하기도 한다. 이런 작은 기록은 소비를 억지로 통제하기 위한 것이 아니라 자신의 생활을 이해하는 과정이 되기도 한다. 그래서 하루를 돌아보는 짧은 습관은 돈의 흐름을 조금 더 또렷하게 바라보는 계기가 된다.

4

경험과
소비 사이의 선택

하루를 살아가다 보면 우리는 생각보다 많은 선택의 순간을 마주하게 된다. 그중에서도 돈을 사용하는 순간에는 단순히 물건을 살지 말지를 결정하는 것이 아니라 어떤 경험을 선택할 것인지도 함께 고민하게 된다. 같은 돈을 사용하더라도 어떤 사람은 물건을 사고, 어떤 사람은 시간을 보내는 경험을 선택한다. 이 차이는 단순한 취향처럼 보일 수 있지만 시간이 지나면 생활의 방향에도 영향을 주기 시작한다. 그래서 소비를 바라볼 때는 단순히 얼마를 쓰는지가 아니라 무엇을 선택하고 있는지도 함께 살펴볼 필요가 있다. 생활 속에서 경험과 소비 사이에서 이루어지는 선택은 우리가 시간을 어떻게 사용하고 있는지와도 자연스럽게 연결된다.

눈에 보이는 물건과 남는 기억

사람들은 물건을 구매할 때 손에 잡히는 만족감을 느끼는 경우가 많다. 새로운 옷이나 전자기기를 구매하면 당장 눈에 보이는 변화가 생기기 때문이다. 이런 소비는 즉각적인 즐거움을 만들어 주기 때문에 자연스럽게 반복되기도 한다. 하지만 시간이 지나면 처음의 설렘이 점점 줄어드는 경험을 하기도 한다. 예를 들어 새로 산 옷이 처음에는 자주 입게 되지만 몇 달이 지나면 옷장 속에서 잊히는 경우도 있다. 물건이 사라지는 것은 아니지만 처음의 만족감은 점점 약해지기도 한다. 그래서 많은 사람들이 "처음에는 정말 갖고 싶었는데 지금은 잘 사용하지 않는다"라는 이야기를 하기도 한다.

반대로 어떤 사람들은 같은 돈을 사용하더라도 경험에 더 많은 의미를 두기도 한다. 예를 들어 친구들과 짧은 여행을 떠나거나 새로운 활동을 배우는 데 돈을 사용하기도 한다. 이런 경험은 물건처럼 눈에 보이지 않지만 시간이 지나도 기억으로 남는 경우가 많다. 몇 년이 지나도 그때의 이야기나 장면을 떠올리며 웃을 수 있기 때문이다. 그래서 어떤 사람들은 물건보다 경험에 돈을 쓰는 것이 더 오래 남는다고 느끼기도 한다. 이런 선택은 단순한 취향처럼 보이지만 생활 속에서 소비를 바라보는 방식과도 연결된다.

선택의 순간에 숨은 기회비용

어떤 선택을 할 때 우리는 보통 한 가지 선택만 생각하기 쉽다. 하지만 경제에서는 하나의 선택을 하면 다른 선택을 포기하게 된다는 점을 중요하게 본다. 이것을 기회비용이라는 개념으로 설명하기도 한다. 예를 들어 주말에 쇼핑을 하며 하루를 보내는 선택을 할 수도 있고 새로운 취미 활동을 배우며 시간을 보내는 선택을 할 수도 있다. 두 선택 모두 즐거운 경험이 될 수 있지만 동시에 할 수는 없다. 그래서 하나를 선택하면 다른 하나는 자연스럽게 포기하게 된다.

생활 속에서도 이런 선택은 자주 등장한다. 어떤 사람은 새 휴대전화를 구매하는 대신 그 돈으로 여행을 가기로 결정하기도 한다. 처음에는 최신 기기를 갖지 못하는 아쉬움이 있을 수 있지만 여행을 다녀온 뒤에는 새로운 경험이 더 의미 있게 느껴지기도 한다. 반대로 여행 대신 물건을 선택하는 사람도 있다. 중요한 것은 어느 선택이 더 옳다는 것이 아니라 선택의 순간에 다른 가능성도 함께 존재한다는 사실이다. 이런 관점을 알게 되면 소비의 순간에도 조금 더 넓은 시각으로 선택을 바라볼 수 있게 된다.

시간이 만들어 주는 경험의 가치

경험에 돈을 사용하는 사람들의 공통점 가운데 하나는 시간을 함께 생각한다는 점이다. 어떤 활동을 하면서 보내는 시간 자체가 하나의 가치가 되기 때문이다. 예를 들어 어떤 사람은 요리를 배우는 수업에 참여하기도 한다. 처음에는 단순한 취미 활동처럼 보이지만 시간이 지나면 새로운 기술을 배우는 즐거움이 생기기도 한다. 또 친구들과 함께 요리를 하며 보내는 시간 자체가 즐거운 경험이 되기도 한다. 이런 활동은 단순히 소비로 끝나는 것이 아니라 새로운 생활의 즐거움을 만들어 주기도 한다.

이와 비슷한 사례는 여러 곳에서 발견된다. 어떤 사람은 주말마다 등산을 하며 자연 속에서 시간을 보내기도 하고 어떤 사람은 음악이나 그림 같은 활동을 배우기도 한다. 이런 경험은 처음에는 작은 선택처럼 보이지만 시간이 지나면서 생활 속에서 중요한 부분이 되기도 한다. 그래서 경험을 선택하는 소비는 단순한 지출이라기보다 시간을 어떻게 채우는지에 대한 선택이 되기도 한다. 이런 과정 속에서 사람들은 자신에게 의미 있는 활동을 조금씩 발견하게 된다.

나에게 맞는 소비의 균형 찾기

경험과 소비 사이에서의 선택은 결국 자신의 생활 방식과도 연결된다. 어떤 사람은 물건을 구매하는 것에서 즐거움을 느끼기도 하고 어떤 사람은 새로운 경험을 하는 데 더 큰 만족을 느끼기도 한다. 그래서 중요한 것은 특정한 방식이 정답이라는 것이 아니라 자신에게 맞는 균형을 찾는 것이다. 예를 들어 어떤 사람은 평소에는 지출을 줄이면서도 여행이나 취미 활동에는 기꺼이 돈을 사용하기도 한다. 이런 선택은 자신의 생활에서 무엇이 더 중요한지를 스스로 이해하고 있다는 의미이기도 하다.

생활 속에서도 이런 균형은 자연스럽게 만들어진다. 어떤 사람은 평소에는 물건을 오래 사용하며 소비를 줄이기도 하고 대신 경험을 위한 활동에 시간을 쓰기도 한다. 또 다른 사람은 물건을 통해 생활의 편리함을 높이는 선택을 하기도 한다. 이렇게 서로 다른 방식의 선택이 반복되면서 각자의 생활 패턴이 만들어진다. 그래서 경험과 소비 사이의 선택은 단순한 돈의 문제가 아니라 삶의 방향을 조금씩 결정하는 과정이 되기도 한다. 이런 선택을 천천히 이해하기 시작하면 자신의 소비 방식도 조금 더 분명하게 보이기 시작한다.

5

시간 관리가
자산으로 이어지는 이유

하루를 돌아보면 우리는 생각보다 많은 시간을 아무 생각 없이 흘려보내기도 한다. 바쁜 하루를 보냈다고 느끼지만 막상 무엇을 했는지 떠올려 보면 선명하게 기억나는 일은 많지 않다. 그래서 어떤 사람들은 같은 하루를 살면서도 점점 여유가 생기고, 어떤 사람들은 늘 시간이 부족하다고 느끼기도 한다. 이 차이는 단순히 일을 많이 했느냐의 문제가 아니라 시간을 어떻게 배치했는지와 관련이 있다. 하루의 작은 시간들이 어떻게 모이느냐에 따라 생활의 방향도 조금씩 달라지기 시작한다. 특히 시간은 눈에 보이지 않지만 생활 속에서 돈의 흐름과도 연결되는 경우가 많다. 그래서 시간 관리가 잘 되는 사람들은 자연스럽게 생활의 여유를 만들고, 그것이 다시 자산으로 이어지기도 한다.

하루의 작은 선택이 흐름을 만든다

많은 사람들은 자산을 모으는 일이 특별한 능력이나 큰 결단에서 시작된다고 생각하기도 한다. 하지만 실제 생활을 보면 작은 시간 선택이 생활의 흐름을 바꾸는 경우가 많다. 예를 들어 어떤 사람은 퇴근 후 매일 비슷한 시간을 보내면서 하루를 마무리한다. 처음에는 단순한 휴식처럼 보이지만 시간이 지나면 그 시간들이 쌓이면서 생활의 패턴이 만들어진다. 반대로 어떤 사람은 퇴근 후 짧은 시간을 활용해 새로운 기술을 배우거나 책을 읽기도 한다. 하루에 30분 정도의 차이처럼 보이지만 몇 달이 지나면 쌓이는 경험의 양이 달라지기도 한다.

이런 차이는 특별한 노력보다는 작은 선택에서 시작된다. 예를 들어 직장인 가운데 어떤 사람은 점심시간을 이용해 간단한 공부를 하기도 한다. 처음에는 부담 없이 시작했지만 시간이 지나면서 새로운 지식을 얻게 되기도 한다. 또 어떤 사람은 짧은 시간을 활용해 자격증 공부를 이어가기도 한다. 이런 활동은 당장 큰 변화를 만들지 않지만 시간이 쌓이면서 새로운 기회를 만들어 주기도 한다. 그래서 하루의 작은 시간 선택이 생활의 방향을 조금씩 바꾸기도 한다.

시간을 바라보는 시선의 차이

시간을 단순히 소비되는 것으로 생각하는 사람도 있지만 어떤 사람은 시간을 자원처럼 바라보기도 한다. 이런 시선의 차이는 생활 방식에서도 드러난다. 예를 들어 어떤 사람은 이동 시간을 단순히 기다리는 시간으로 보내기도 한다. 하지만 다른 사람은 그 시간을 활용해 책을 읽거나 강의를 듣기도 한다. 같은 시간이라도 활용 방식에 따라 얻는 경험이 달라질 수 있다. 그래서 시간을 바라보는 시선이 달라지면 생활의 내용도 조금씩 달라지기 시작한다.

생활 속에서도 이런 장면은 쉽게 볼 수 있다. 어떤 직장인은 출퇴근 시간을 활용해 오디오북을 듣기 시작했다. 처음에는 단순히 시간을 보내기 위해 시작했지만 몇 달이 지나자 자연스럽게 읽은 책의 수가 늘어났다. 또 다른 사람은 이동 중에 짧은 메모를 하며 아이디어를 정리하기도 한다. 이런 행동은 특별해 보이지 않지만 시간이 지나면 생각의 폭을 넓혀 주기도 한다. 그래서 시간을 자원처럼 바라보는 시선은 생활 속에서 작지만 의미 있는 변화를 만들어 준다.

정보를 고르는 시간의 힘

요즘은 정보가 너무 많아서 무엇을 선택해야 할지 고민하는 순간도 많아졌다. 그래서 어떤 사람은 많은 시간을 정보 속에서 보내기도 한다. 하지만 중요한 것은 정보를 얼마나 많이 보는지가 아니라 어떤 정보를 선택하는지일 때도 있다. 예를 들어 어떤 사람은 하루에 몇 시간을 SNS나 영상 콘텐츠를 보며 보내기도 한다. 처음에는 짧은 휴식처럼 느껴지지만 시간이 지나면 하루의 대부분이 그렇게 흘러가기도 한다.

반대로 어떤 사람은 정보를 고르는 시간을 조금 더 신중하게 사용하기도 한다. 예를 들어 필요한 정보를 미리 정해 놓고 그 범위 안에서만 찾아보는 방식이다. 이렇게 하면 정보에 끌려다니기보다 스스로 선택하는 흐름이 만들어진다. 실제로 어떤 직장인은 매일 아침 짧은 시간 동안 뉴스와 산업 관련 자료만 확인하는 습관을 만들었다. 이런 방식 덕분에 필요한 정보만 빠르게 확인하고 하루를 시작할 수 있었다고 말하기도 한다. 이런 선택은 시간의 낭비를 줄이면서 생활의 집중도를 높여 주기도 한다.

쌓이는 시간은 결국 자산이 된다

시간 관리가 자산과 연결되는 이유는 하루의 선택이 오랜 기간 반복되기 때문이다. 하루만 보면 큰 차이가 느껴지지 않을 수도 있다. 하지만 몇 년이 지나면 어떤 활동에 시간을 사용했는지가 분명하게 드러난다. 예를 들어 어떤 사람은 꾸준히 운동을 하며 건강을 관리하기도 한다. 처음에는 단순한 생활 습관처럼 보이지만 시간이 지나면 건강이라는 중요한 자산이 만들어지기도 한다. 또 어떤 사람은 매일 조금씩 공부를 이어가며 새로운 기회를 준비하기도 한다.

생활 속에서도 이런 변화는 조용히 나타난다. 어떤 사람은 오랜 시간 취미로 사진을 찍다가 작은 전시회를 열기도 한다. 또 다른 사람은 꾸준히 글을 쓰다가 새로운 일을 시작하기도 한다. 이런 변화는 하루의 작은 시간 선택에서 시작된다. 그래서 시간을 관리한다는 것은 단순히 일정표를 정리하는 일이 아니라 미래의 가능성을 조금씩 만들어 가는 과정이기도 하다. 하루의 시간은 금방 지나가지만 그 시간이 쌓이면 생활의 모습도 서서히 달라지기 시작한다.

돈의 심리학
사람들은 왜 미래보다 현재를 선택할까

사람들이 돈을 사용할 때의 모습을 가만히 들여다보면 생각보다 비슷한 장면이 반복된다. 분명히 "이번 달에는 조금 아껴야지"라고 마음먹었는데도 예상하지 못한 지출이 계속 생기기도 한다. 쇼핑몰이나 마트에서 할인 문구를 보는 순간 마음이 흔들리거나, 잠깐의 기분 전환을 위해 계획에 없던 소비를 하기도 한다. 이런 경험은 누구에게나 한 번쯤은 있다. 그래서 돈을 사용하는 행동을 살펴보면 단순히 계산이나 계획만으로 설명되지 않는 부분이 많다. 돈의 사용에는 숫자보다 감정과 순간적인 판단이 더 크게 작용하기도 한다. 그래서 사람들의 소비를 이해하려면 돈의 계산보다 마음의 흐름을 먼저 살펴볼 필요가 있다.

많은 사람들이 미래보다 현재를 먼저 선택하는 이유도 이런 감정의 흐름과 관련이 있다. 미래의 이익은 머릿속에서만 존재하지만 현재의 만족은 바로 느낄 수 있기 때문이다. 예를 들어 어떤 사람은 월급을 받은 날 "이번 달에는 저축을 조금 더 해야겠다"라고 생각한다. 하지만 며칠 뒤 친구들과 외식을 하거나 쇼핑을 하다 보면 계획이 조금씩 흔들리기도 한다. 이때 소비를 결정하게 만드는 것은 계산된 미래의 이익보다 눈앞의 즐거움일 때가 많다. 사람의 마음은 먼 미래의 만족보다 지금 느낄 수 있는 기분을 더 선명하게 받아들이기 때문이다. 그래서 현재의 즐거움은 미래의 계획보다 쉽게 선택되기도 한다.

이런 선택은 일상 속에서 자연스럽게 반복된다. 예를 들어 어떤 사람은 온라인 쇼핑몰을 구경하다가 "지금 사면 할인"이라는 문구를 보게 된다. 당장 필요한 물건이 아니더라도 할인이라는 단어가 소비의 기준을 흔들어 놓는다. 처음에는 단순히 구경을 하고 있었지만 어느 순간 장바구니에 물건이 담겨 있는 경험을 하기도 한다. 이런 순간에는 물건이 필요한지보다 "지금 사는 것이 이득인가"라는 생각이 더 크게 작용한다. 그래서 소비는 필요보다 분위기와 상황에 영향을 받기도 한다. 이런 작은 판단이 반복되면서 소비의 기준이 조금씩 만들어지기도 한다.

또 하나 흥미로운 점은 사람들이 돈을 사용할 때 기준이 상황에 따라 달라진다는 것이다. 평소에는 커피 한 잔 가격도 고민하면서 지출을 아끼는 사람이 있다. 그런데 여행을 가거나 특별한 날이 되면 같은 사람도 소비에 훨씬 관대해지기도 한다. 평소라면 비싸다고 느꼈을 가격도 여행지에서는 자연스럽게 받아들이기도 한다. 이런 변화는 사람의 마음이 환경에 영향을 받기 때문이다. 같은 돈이라도 상황에 따라 느끼는 가치가 달라지기 때문에 소비의 기준도 함께 변한다. 그래서 사람들의 지출을 보면 계산보다 분위기가 더 크게 작용하는 순간이 자주 등장한다.

돈의 심리를 이해한다는 것은 결국 사람의 마음을 이해하는 과정과도 비슷하다. 우리는 모두 합리적인 선택을 하려고 노력하지만 동시에 감정의 영향을 받으며 살아간다. 그래서 소비의 순간에는 계획과 감정이 함께 움직이기도 한다. 어떤 날은 계획대로 소비를 조절하기도 하고 어떤 날은 기분에 따라 지출을 하기도 한다. 이런 모습은 특별한 사람이 아니라 대부분의 사람들이 경험하는 자연스러운 행동이다. 그래서 돈의 흐름을 이해하려면 숫자만 보는 것이 아니라 사람들의 마음이 어떻게 움직이는지도 함께 살펴보는 것이 중요하다.

생활 속에서 자신의 소비를 천천히 돌아보면 흥미로운 사실을 발견하게 된다. 어떤 지출은 필요해서 했지만 어떤 지출은 순간의 기분 때문에 이루어지기도 한다. 또 어떤 소비는 시간이 지나도 만족이 남지만 어떤 소비는 금방 잊히기도 한다. 이런 경험을 하나씩 떠올리다 보면 자신의 소비 방식이 조금씩 보이기 시작한다. 돈을 사용하는 방식은 하루아침에 만들어지는 것이 아니라 작은 선택들이 반복되며 만들어진다. 그래서 자신의 소비를 이해하는 과정은 생활 속에서 반복되는 선택의 모습을 천천히 들여다보는 일에서 시작된다.

PART 4

정보를 다루는 방식이
기회를 만든다

1

같은 정보를 보고도
다른 선택을 하는 이유

우리는 하루에도 수많은 정보를 접한다. 스마트폰을 켜면 뉴스가 보이고 출퇴근길에는 경제 이야기가 들린다. 인터넷 기사 한 줄, 친구와 나누는 대화 한 마디도 모두 정보라고 할 수 있다. 그런데 흥미로운 점은 같은 정보를 보고도 사람들의 반응이 꽤 다르게 나타난다는 것이다. 어떤 사람은 그냥 읽고 지나가지만 다른 사람은 잠시 멈추어 생각을 해 본다. 그 정보가 지금 어떤 의미를 가지는지, 앞으로 어떤 변화로 이어질 수 있는지 떠올려 보는 것이다. 이런 차이는 처음에는 거의 보이지 않는다. 하지만 시간이 지나면 생각의 방향이 조금씩 달라지면서 선택의 차이로 이어지기도 한다. 그래서 같은 정보를 접해도 어떤 사람에게는 단순한 소식으로 끝나고 다른 사람에게는 새로운 기회를 생각하게 만드는 계기가 되기도 한다.

같은 뉴스가 서로 다른 의미로 읽히는 순간

예를 들어 어느 날 뉴스에서 전기차 판매가 계속 늘어나고 있다는 기사를 보았다고 생각해 보자. 대부분의 경우 그 기사를 읽으며 자동차 시장이 빠르게 변하고 있다는 정도의 인상을 받게 된다. 새로운 기술이 등장하고 있다는 사실은 흥미롭지만 그것이 자신의 선택과 직접 연결된다고 느끼지는 않는 경우가 많다. 그래서 그 뉴스는 세상 돌아가는 이야기를 알게 된 정도로 지나가 버리기 쉽다. 시간이 지나면 그 기사를 읽었다는 사실조차 기억하지 못하는 장면도 흔히 나타난다. 이렇게 정보를 접하면 뉴스는 단순한 소식으로 머무르게 된다.

같은 기사를 보면서도 조금 더 생각을 이어 가는 경우에는 다른 흐름이 만들어진다. 전기차 판매가 늘어나고 있다는 소식을 접하면 자동차 회사뿐 아니라 배터리 산업이나 충전 인프라 같은 분야까지 함께 떠올리게 된다. 새로운 기술이 등장할 때 어떤 산업이 함께 성장할 수 있을지 자연스럽게 상상하게 되는 것이다. 이런 생각이 곧바로 행동으로 이어지지는 않지만 정보가 하나의 기사로 끝나지 않고 변화의 흐름으로 이어지기 시작한다. 그래서 같은 뉴스라도 단순한 소식으로 지나가기도 하고 새로운 가능성을 떠올리게 하는 단서가 되기도 한다.

무심히 지나간 정보와 투자 기회가 되는 정보

생활 속에서도 이런 장면은 자주 나타난다. 어느 날 뉴스에서 사람들이 집에서 보내는 시간이 늘어나면서 온라인 콘텐츠 이용이 빠르게 증가하고 있다는 이야기를 접했다고 생각해 보자. 많은 경우 생활 방식이 변하고 있다는 정도로 받아들이고 넘어가게 된다. 집에서 영화를 보거나 게임을 즐기는 시간이 늘어났다는 소식으로 이해되기 때문이다. 그래서 그 뉴스는 흥미로운 생활 이야기 정도로 남고 하루가 지나면 기억 속에서 사라지기도 한다. 이렇게 정보를 접하면 세상의 변화가 멀리 있는 이야기처럼 느껴지기 쉽다.

같은 정보를 조금 다르게 바라보면 생각의 방향도 달라진다. 집에서 보내는 시간이 늘어난다면 콘텐츠 서비스나 온라인 플랫폼의 이용도 계속 늘어날 수 있겠다는 상상이 이어질 수 있다. 그러다 보면 어떤 기업이 이런 변화 속에서 성장하고 있는지 궁금해지기도 한다. 그 과정에서 관련 산업이나 기업을 조금 더 찾아보게 되는 흐름이 만들어지기도 한다. 처음에는 단순한 관심일 뿐이지만 이런 관심이 이어지면 새로운 투자 기회를 살펴보는 계기가 되기도 한다. 같은 정보를 접했지만 그 정보가 머무르는 위치가 달라지는 순간이다.

정보를 연결해 보는 사람들의 생각 방식

정보를 다르게 바라보는 흐름을 가진 경우에는 하나의 뉴스만 보고 판단하지 않는 모습도 자주 나타난다. 여러 소식을 서로 연결해 보면서 하나의 방향을 찾으려 하기 때문이다. 예를 들어 전기차 판매가 늘어나고 있다는 기사와 배터리 생산이 증가하고 있다는 뉴스를 함께 접했다고 생각해 보자. 대부분의 경우 두 뉴스를 각각 다른 이야기로 받아들이게 된다. 자동차 시장과 산업 생산에 관한 뉴스가 따로 존재한다고 느껴지기 때문이다. 그래서 각각의 뉴스는 그저 흥미로운 정보로만 남는다.

하지만 두 소식 사이의 연결을 떠올리기 시작하면 상황이 조금 달라진다. 전기차가 늘어나면 배터리 산업도 함께 성장할 가능성이 높다는 흐름이 자연스럽게 보이기 때문이다. 이렇게 정보를 서로 연결해 보면 세상의 변화가 조금 더 선명하게 보인다. 각각의 뉴스가 따로 존재하는 것처럼 보였지만 사실은 같은 방향을 가리키고 있었다는 사실을 발견하게 된다. 이런 방식으로 정보를 바라보면 뉴스는 단순한 소식이 아니라 변화의 흐름을 이해하는 단서가 되기도 한다.

작은 관심이 선택의 차이를 만든다

시간이 지나면 이런 생각의 차이는 점점 더 분명한 선택의 차이로 이어지기도 한다. 같은 뉴스를 보아도 그냥 지나가는 경우가 있는 반면 조금 더 관심을 가지고 살펴보는 흐름이 만들어지기도 한다. 예를 들어 인공지능 기술이 빠르게 발전하고 있다는 뉴스를 접했을 때 많은 경우 기술이 발전하고 있다는 사실 정도로 받아들이고 넘어간다. 스마트폰이나 컴퓨터가 더 편리해질 것이라는 정도의 이야기로 이해되기 때문이다.

정보를 조금 더 깊게 바라보는 흐름에서는 그 기술이 앞으로 어떤 변화를 만들 수 있을지 상상해 보게 된다. 회사의 업무 방식이나 서비스 산업, 콘텐츠 분야 등 여러 영역에서 새로운 변화가 나타날 가능성을 떠올려 보는 것이다. 이런 생각이 이어지면 관련 산업이나 기업에 대한 관심이 자연스럽게 생기기도 한다. 이런 과정이 반복되면 정보는 단순한 뉴스가 아니라 새로운 가능성을 생각하게 만드는 출발점이 된다. 그래서 같은 정보를 접했지만 누군가에게는 지나가는 이야기로 남고 누군가에게는 새로운 기회를 떠올리는 계기가 되기도 한다.

2

돈이 모이는
사람들의 정보 습관

우리는 매일 다양한 정보를 접한다. 뉴스 기사, 인터넷 글, 주변 사람들의 이야기까지 생각보다 많은 내용이 우리에게 전달된다. 하지만 모든 정보가 똑같은 의미를 가지는 것은 아니다. 어떤 사람은 그저 읽고 지나가지만 어떤 사람은 조금 더 관심을 가지고 살펴본다. 같은 정보라도 어떻게 받아들이느냐에 따라 그 이후의 행동이 달라지기 때문이다. 돈이 모이는 사람들을 보면 특별한 비밀 정보를 가지고 있는 경우는 거의 없다. 오히려 누구나 접할 수 있는 평범한 정보를 조금 더 꾸준히 살펴보는 습관을 가지고 있는 경우가 많다. 그래서 정보의 양보다 중요한 것은 그것을 바라보는 태도와 습관일지도 모른다.

흘려보내지 않고 잠시 멈춰 보는 습관

정보를 다루는 방식에서 나타나는 첫 번째 특징은 읽고 지나가는 대신 잠시 생각해 보는 시간이 있다는 점이다. 뉴스 기사 한 줄을 읽어도 그 내용이 무엇을 의미하는지 잠깐 떠올려 보는 습관이 만들어져 있다. 예를 들어 여행 수요가 빠르게 늘고 있다는 기사를 보게 되면 단순히 사람들이 여행을 많이 떠나기 시작했다는 사실에서 멈추지 않는다. 여행이 늘어나면 항공이나 숙박, 관광 서비스 같은 분야에도 변화가 나타날 수 있다는 생각이 자연스럽게 이어진다. 이런 생각이 반드시 바로 행동으로 이어지는 것은 아니지만 정보를 읽는 순간 잠시 멈추어 보는 태도가 만들어져 있다는 점이 중요하다.

일상적인 대화 속에서도 이런 모습은 자주 나타난다. 동네에 무인 매장이 많아지고 있다는 이야기를 들었을 때 단순히 새로운 가게가 생겼다는 정도로 받아들이고 지나갈 수도 있다. 그러나 매장 운영 방식이 조금씩 바뀌고 있다는 흐름을 떠올리면 사람들의 소비 방식도 함께 변하고 있다는 사실이 보이기 시작한다. 이런 생각이 이어지면 앞으로 상점의 모습이나 서비스 방식이 어떻게 달라질지 자연스럽게 상상하게 된다. 이렇게 정보를 잠시 붙잡아 두는 습관은 세상의 변화를 이해하는 작은 출발점이 되기도 한다.

여러 정보를 하나의 흐름으로 바라보는 습관

정보를 다르게 바라보는 흐름에서는 하나의 소식만으로 판단하지 않는 모습도 나타난다. 서로 다른 뉴스나 이야기를 연결해 보면서 하나의 방향을 찾으려 하기 때문이다. 예를 들어 전기차 판매가 늘고 있다는 기사를 본 뒤 며칠 후 배터리 생산량이 증가하고 있다는 뉴스를 다시 접하게 되는 상황을 떠올려 볼 수 있다. 두 뉴스는 각각 다른 이야기처럼 보일 수 있다. 그러나 두 내용을 함께 떠올리면 자동차 시장의 변화와 배터리 산업의 성장이 같은 흐름 속에서 움직이고 있다는 사실이 보이기 시작한다.

생활 속에서도 이런 연결은 자주 발견된다. 편의점에서 키오스크 주문기가 늘어나고 있다는 장면을 본 뒤 무인 매장이 빠르게 증가하고 있다는 뉴스를 접하게 되면 두 이야기가 하나의 변화로 이어진다. 사람들의 소비 환경이 점점 자동화된 서비스에 익숙해지고 있다는 흐름이 보이기 때문이다. 이렇게 여러 정보를 서로 연결해 보면 각각의 뉴스가 따로 존재하는 이야기가 아니라 하나의 방향을 가리키고 있다는 사실을 알게 된다. 이런 방식으로 정보를 바라보면 세상의 변화가 조금 더 선명하게 느껴지기 시작한다.

관심을 오래 유지하는 습관

정보를 다루는 또 하나의 특징은 관심이 생긴 분야를 한 번 보고 끝내지 않는다는 점이다. 어떤 이야기가 눈에 들어오면 그 이후에도 비슷한 소식이 나타날 때 자연스럽게 시선이 이어진다. 예를 들어 온라인 교육 서비스가 빠르게 성장하고 있다는 기사를 접했을 때 많은 경우 그저 새로운 서비스가 늘어나고 있다는 정도로 받아들이고 지나간다. 그러나 관심이 이어지면 이후에도 관련 이야기가 등장할 때마다 자연스럽게 눈길이 머무르게 된다.

시간이 지나면서 비슷한 이야기가 반복되면 변화의 방향도 조금씩 분명하게 보인다. 처음에는 작은 소식처럼 느껴졌던 내용이 점점 더 많은 뉴스와 연결되면서 하나의 흐름으로 보이기 때문이다. 중고 거래 서비스나 온라인 플랫폼처럼 생활 속에서 점점 익숙해지는 서비스도 처음에는 작은 변화로 보이지만 시간이 지나면 새로운 소비 문화로 자리 잡는 모습을 보여 주기도 한다. 이렇게 관심을 오래 유지하는 습관은 세상의 변화를 조금 더 또렷하게 이해하게 만드는 역할을 하기도 한다.

정보를 생활 속에서 떠올려 보는 습관

정보를 다루는 방식은 단순히 뉴스를 읽는 데서 끝나지 않는다. 일상 속 장면과 연결되면서 더 현실적인 이야기로 다가오기도 한다. 예를 들어 배달 서비스 이용이 빠르게 늘어나고 있다는 기사를 보았을 때 단순히 편리한 서비스가 많아졌다고 느끼고 지나갈 수도 있다. 그러나 주변 식당들이 배달 서비스를 어떻게 활용하고 있는지 떠올리기 시작하면 그 변화가 실제 생활 속에서 어떻게 나타나고 있는지 보이기 시작한다.

길을 걷다가 무인 카페를 발견하는 순간 뉴스에서 읽었던 이야기와 현실의 장면이 자연스럽게 연결되기도 한다. 그러면 기사 속 내용이 단순한 글이 아니라 실제로 진행되고 있는 변화처럼 느껴진다. 이런 경험이 반복되면 정보는 점점 더 생생한 이야기로 다가온다. 그래서 누군가에게는 뉴스가 그저 읽고 지나가는 글이지만 또 다른 누군가에게는 세상의 방향을 이해하는 중요한 단서가 되기도 한다.

3

뉴스보다
중요한 것은 해석이다

우리는 하루에도 많은 뉴스를 접하며 지낸다. 스마트폰을 켜면 경제 기사부터 생활 이야기까지 다양한 소식이 화면에 나타난다. 대부분의 사람들은 그 내용을 읽고 "요즘 이런 일이 있구나" 정도로 받아들이고 다음 기사로 넘어간다. 뉴스는 새로운 사실을 알려 주지만 그것만으로 바로 어떤 선택이 만들어지는 경우는 많지 않다. 같은 기사를 읽었어도 어떤 사람은 그냥 지나가고 어떤 사람은 잠시 멈추어 생각해 본다. 바로 이 지점에서 차이가 생기기 시작한다. 뉴스 자체보다 그 내용을 어떻게 이해하고 받아들이느냐가 더 중요해지기 때문이다. 그래서 어떤 사람에게 뉴스는 단순한 정보로 끝나지만 다른 사람에게는 변화의 흐름을 읽는 단서가 되기도 한다.

같은 뉴스도 전혀 다른 의미가 될 수 있다

예를 들어 사람들이 집에서 보내는 시간이 늘고 있다는 기사를 보게 되었다고 생각해 보자. 많은 경우 생활 방식이 조금 달라지고 있다는 정도의 이야기로 받아들이고 지나가게 된다. 집에서 영화를 보거나 취미 활동을 즐기는 시간이 늘어났다는 정도의 인상으로 끝나는 경우가 많다. 그래서 그 뉴스는 잠깐 흥미로운 이야기로 남고 곧 기억 속에서 사라지기도 한다. 이렇게 뉴스를 접하면 대부분의 정보는 일상의 배경처럼 지나가 버린다. 변화가 있다는 사실은 알지만 그것이 어떤 의미를 가지는지 깊이 생각하지 않기 때문이다.

같은 기사를 읽으면서도 조금 다른 방향으로 생각이 이어지기도 한다. 집에서 보내는 시간이 늘어난다면 집에서 이용하는 서비스나 콘텐츠가 더 많아질 가능성을 떠올리게 되는 것이다. 예를 들어 집에서 운동하는 사람이 많아졌다는 이야기를 듣게 되면 운동 관련 서비스나 장비가 늘어날 수도 있겠다는 생각이 이어질 수 있다. 같은 이야기를 접했지만 바라보는 방식이 달라지면 의미도 다르게 느껴진다. 그래서 뉴스의 내용 자체보다 그것을 어떻게 해석하느냐가 더 중요해지기도 한다.

숫자보다 변화의 방향을 보는 습관

뉴스에는 종종 다양한 숫자가 등장한다. 매출이 얼마나 늘었다거나 이용자가 얼마나 증가했다는 식의 정보가 기사 속에 담긴다. 많은 경우 이런 숫자를 보면서 생각보다 많이 늘었다는 인상을 받는 정도에서 그친다. 숫자는 분명 중요한 정보이지만 대부분의 사람들에게는 잠깐 눈길을 끄는 요소로 지나가기 쉽다. 시간이 지나면 그 숫자가 무엇이었는지조차 기억나지 않는 경우도 흔하다. 이렇게 뉴스를 읽으면 정보는 단순한 기록처럼 느껴진다.

하지만 숫자를 보는 순간 그 숫자가 가리키는 방향을 먼저 떠올리는 장면도 있다. 전기차 판매가 조금씩 늘고 있다는 기사를 보게 되면 단순한 판매 수치보다 자동차 시장이 앞으로 어떤 방향으로 움직일지 생각하게 되는 것이다. 길을 걷다가 충전소가 예전보다 많아졌다는 느낌을 받을 때 뉴스에서 읽었던 이야기와 현실의 변화가 자연스럽게 연결되기도 한다. 이렇게 변화의 방향을 떠올리기 시작하면 뉴스는 단순한 숫자가 아니라 흐름을 보여 주는 이야기로 보이기 시작한다.

정보를 이야기로 이어 보는 습관

뉴스는 보통 짧은 문장으로 전달된다. 그래서 많은 경우 단편적인 정보처럼 느껴지기도 한다. 그러나 그 정보를 하나의 흐름으로 이어서 생각하기 시작하면 전혀 다른 모습이 보이기도 한다. 예를 들어 배달 서비스 이용이 늘고 있다는 뉴스를 보게 되면 단순히 편리한 서비스가 많아졌다는 생각으로 지나갈 수 있다. 그러나 사람들이 점점 집에서 주문하는 방식에 익숙해지고 있다는 흐름을 떠올리면 소비 환경이 달라지고 있다는 사실이 보이기 시작한다.

생활 속에서도 이런 장면은 자연스럽게 이어진다. 동네에서 배달 오토바이가 예전보다 자주 보인다는 느낌을 받는 순간 뉴스에서 읽었던 이야기와 현실의 모습이 연결된다. 그러면 기사 속 내용이 단순한 글이 아니라 실제로 진행되고 있는 변화처럼 느껴지기 시작한다. 이렇게 정보가 생활 속 경험과 이어지면 뉴스는 하나의 사건이 아니라 변화의 이야기로 보이게 된다. 그래서 뉴스는 단순한 소식에서 세상의 흐름을 이해하는 단서로 바뀌기도 한다.

질문을 던지는 순간 더 많은 것이 보인다

뉴스를 읽는 방식에도 작은 차이가 존재한다. 기사 내용을 그대로 받아들이고 넘어가는 경우가 있는 반면 그 안에서 작은 질문을 떠올리는 흐름이 나타나기도 한다. 예를 들어 무인 매장이 늘어나고 있다는 기사를 보게 되면 새로운 형태의 가게가 많아졌다는 정도로 생각하고 지나갈 수 있다. 그러나 왜 이런 매장이 늘어나고 있는지 생각해 보는 순간 이야기는 조금 달라진다. 사람들의 생활 방식이나 소비 습관이 어떻게 변하고 있는지 자연스럽게 떠올리게 되기 때문이다.

생활 속에서도 이런 질문은 쉽게 이어진다. 카페에서 키오스크로 주문하는 장면을 보았을 때 단순히 편리한 시스템이라고 느낄 수도 있다. 그러나 이런 방식이 점점 더 많아지고 있다는 사실을 떠올리면 매장 운영 방식과 소비 환경이 함께 달라지고 있다는 흐름이 보이기 시작한다. 이렇게 질문이 이어지면 뉴스는 단순한 정보에서 세상을 이해하는 단서로 바뀌게 된다. 그래서 같은 뉴스를 접했지만 누군가에게는 지나가는 이야기로 남고 또 다른 경우에는 새로운 가능성을 생각하게 만드는 출발점이 되기도 한다.

4

정보가 기회로
바뀌는 순간

사람들은 흔히 기회가 특별한 사람에게만 찾아온다고 생각한다. 하지만 실제로는 같은 정보를 어떻게 받아들이느냐에 따라 전혀 다른 결과가 만들어지기도 한다. 어떤 사람은 뉴스를 읽고 그냥 지나가지만 어떤 사람은 잠시 멈추어 그 의미를 생각해 본다. 정보는 우리 주변에 항상 존재하지만 그것을 바라보는 태도에 따라 단순한 소식이 되기도 하고 새로운 가능성이 되기도 한다. 그래서 돈의 흐름을 잘 만드는 사람들은 정보를 대하는 방식부터 조금 다르다. 그들은 뉴스를 읽거나 이야기를 들을 때 그 속에서 작은 변화의 신호를 찾으려고 한다. 정보는 특별한 것이 아니라 그것을 해석하는 방식이 다를 뿐이다.

정보를 들으면 질문부터 시작한다

같은 이야기를 듣더라도 반응은 서로 다르게 나타난다. 어떤 경우에는 "그렇구나." 하고 지나가지만 또 다른 순간에는 그 이야기를 듣는 동시에 여러 생각이 이어지기도 한다. 예를 들어 종이책 대신 전자책을 읽는 사람이 점점 늘어나고 있다는 이야기를 접했다고 생각해 보자. 단순히 독서 방식이 바뀌고 있다는 사실로 받아들일 수도 있지만 그 변화가 어떤 서비스로 이어질 수 있을지 떠올리는 흐름도 생겨난다. 전자책을 추천해 주는 플랫폼이나 독서 기록을 공유하는 커뮤니티처럼 새로운 형태의 서비스가 필요해질 가능성을 생각하게 되는 것이다. 이런 질문이 바로 정보를 기회로 바라보는 시작이 된다. 들은 내용을 그대로 지나치지 않고 그 뒤에 이어질 변화를 상상해 보는 과정이 만들어지기 때문이다.

이런 습관은 특별한 상황에서만 나타나는 것이 아니다. 일상 속에서도 자연스럽게 이어질 수 있다. 지하철에서 접이식 자전거를 들고 이동하는 사람들이 많아졌다는 장면을 떠올려 볼 수 있다. 단순히 자전거를 이용하는 사람이 늘어났다는 정도로 보일 수도 있지만 이동 방식이 조금씩 달라지고 있다는 신호로 보이기도 한다. 자전거를 보관할 공간이나 간단한 수리 서비스, 이동 중 사용할 수 있는 장비처럼 새로운 필요가 생길 가능성을 떠올리게 되는 것이다. 이런 생각은 거창한 분석에서 시작되는 것이 아니라 생활 속 작은 관찰에서 시작된다. 정보를 접했을 때 질문을 떠올리는 습관은 세상을 바라보는 시야를 조금씩 넓혀 준다.

정보는 연결될 때 의미가 생긴다

많은 사람들은 정보를 많이 알아야 기회를 발견할 수 있다고 생각한다. 그래서 뉴스도 많이 보고 다양한 이야기를 들으려고 한다. 그러나 더 중요한 것은 정보를 얼마나 많이 아느냐보다 그것들을 어떻게 연결하느냐다. 서로 다른 이야기들이 이어질 때 새로운 아이디어가 만들어지기 때문이다. 예를 들어 집에서 식물을 키우는 취미가 늘어나고 있다는 소식을 들었다고 생각해 보자. 동시에 온라인에서 취미 생활을 공유하는 커뮤니티가 활발해지고 있다는 이야기도 접하게 된다. 여기에 집을 꾸미는 인테리어에 대한 관심이 높아지고 있다는 소식이 더해지면 세 가지 정보가 하나의 흐름으로 이어진다.

각각의 이야기는 따로 보면 평범한 생활 이야기처럼 보인다. 그러나 이것들을 하나로 연결하면 전혀 다른 그림이 나타난다. 식물을 키우는 사람들을 위한 작은 화분이나 관리 도구, 식물 키우는 방법을 공유하는 모임 같은 아이디어가 떠오를 수 있기 때문이다. 실제로 많은 기회는 거창한 기술에서 시작되기보다 생활 속 변화들이 이어지면서 나타난다. 정보를 연결해 바라보면 세상은 마치 퍼즐처럼 보인다. 작은 조각들이 이어지는 순간 이전에는 보이지 않던 새로운 가능성이 드러난다.

정보는 속도보다 해석이 중요하다

요즘은 정보가 매우 빠르게 흘러간다. 스마트폰을 열면 새로운 뉴스가 계속 올라오고 다양한 이야기가 끊임없이 등장한다. 그래서 많은 경우 남들보다 빨리 정보를 알아야 한다는 생각이 생기기도 한다. 그러나 실제로 더 중요한 것은 정보를 먼저 아는 것이 아니라 그것을 어떻게 해석하느냐다. 예를 들어 오래된 시장이 리모델링된다는 소식을 들었다고 생각해 보자. 그 소식을 들으며 여러 가지 가능성이 동시에 떠오른다.

오래된 시장이 새롭게 바뀌면 기존 상인들의 환경이 달라질 수도 있고 주변 분위기가 크게 변할 수도 있다. 동시에 그 공간에 사람들이 다시 모이게 될 가능성도 떠오른다. 오래된 시장이 문화 공간이나 관광 공간으로 변하면서 새로운 상점과 서비스가 생겨나는 장면도 여러 도시에서 나타나고 있기 때문이다. 같은 정보를 접했지만 어떤 시선으로 바라보느냐에 따라 보이는 미래가 달라진다. 정보의 가치는 얼마나 빨리 알았는지가 아니라 어떤 의미로 해석했는지에서 만들어진다.

정보는 행동과 연결될 때 기회가 된다

흥미로운 정보를 알게 되었더라도 그것이 행동으로 이어지지 않으면 큰 변화는 만들어지지 않는다. 많은 경우 새로운 이야기를 듣고 좋은 생각이라는 느낌을 받지만 실제로 시도해 보는 장면은 많지 않다. 그러나 돈의 흐름을 만들어 가는 과정에서는 작은 행동이 이어지기도 한다. 예를 들어 사진을 찍어 기록하는 취미가 점점 늘어나고 있다는 이야기를 접했다고 생각해 보자. 그 소식은 단순한 생활 트렌드로 지나갈 수도 있다.

하지만 사진을 정리해 주는 서비스나 작은 사진 인쇄 상품 같은 아이디어를 떠올리면 상황이 조금 달라진다. 그리고 간단한 방식으로라도 작은 시도를 시작해 볼 수 있다. 처음에는 작은 실험처럼 보이지만 그 과정에서 사람들의 반응을 직접 확인하게 된다. 이런 경험은 다시 새로운 생각으로 이어진다. 정보는 머릿속에 있을 때는 단순한 이야기로 남지만 행동과 연결되는 순간 현실의 기회로 바뀌기 시작한다. 작은 실행이 반복될수록 정보는 점점 더 의미 있는 가능성으로 자라나게 된다.

5

판단의 차이가
자산의 차이를 만든다

    사람들은 종종 돈의 차이가 능력이나 운에서만 만들어진다고 생각한다. 하지만 조금 더 자세히 들여다보면 그 차이는 생각보다 사소한 판단에서 시작되는 경우가 많다. 같은 정보를 보고도 어떤 사람은 조심스럽게 움직이고, 어떤 사람은 그 안에서 가능성을 먼저 떠올린다. 이러한 판단의 차이는 처음에는 거의 보이지 않는다. 그러나 시간이 지나면서 선택의 방향이 달라지고, 그 선택들이 반복되면서 결과의 간격도 점점 커지기 시작한다. 그래서 돈이 모이는 사람들을 보면 특별한 비밀을 가지고 있다기보다 상황을 바라보는 기준이 조금 다르다는 것을 알 수 있다. 결국 자산의 차이는 한 번의 큰 결정이 아니라 수많은 작은 판단이 쌓이면서 만들어진다.

같은 상황을 다르게 바라보는 시선

같은 상황을 보고도 해석의 방향은 크게 달라질 수 있다. 예를 들어 한 지역에 새로운 산업단지가 조성된다는 소식을 접했다고 생각해 보자. 공사로 인해 주변 환경이 시끄러워질 것이라는 생각이 먼저 떠오르기도 하지만, 동시에 많은 사람이 그곳으로 출퇴근하게 될 가능성도 떠오른다. 사람들이 모이면 자연스럽게 식당이나 카페, 편의시설 같은 다양한 생활 서비스가 필요해질 가능성이 커진다. 이런 관점의 차이는 단순해 보이지만 이후의 선택을 크게 바꾸기도 한다.

이러한 시선의 차이는 일상에서도 쉽게 발견된다. 회사 근처에 작은 편의점이 새로 생겼다는 장면을 떠올려 보면 대부분은 그냥 지나치는 풍경처럼 보일 수 있다. 그러나 점심시간마다 사람들이 줄을 서는 모습을 보면서 주변 상권의 변화가 어떻게 이어질지 생각해 보는 흐름도 나타난다. 이렇게 상황을 조금 더 넓게 바라보는 습관은 판단의 방향을 자연스럽게 바꾼다. 돈의 흐름을 비교적 잘 읽는 생활을 살펴보면 겉으로 보이는 장면보다 그 뒤에 이어질 변화를 먼저 상상하려는 특징이 나타난다. 같은 상황이라도 어떤 시선으로 바라보느냐에 따라 다음 선택이 달라지기 때문이다.

감정보다 기준으로 판단하는 습관

많은 선택은 감정의 영향을 받으며 이루어진다. 뉴스에서 어떤 산업이 어렵다는 이야기가 나오면 막연한 불안이 먼저 떠오르기도 하고, 반대로 인기 있는 분야가 등장했다는 이야기를 들으면 관심이 갑자기 커지기도 한다. 그러나 돈의 흐름을 안정적으로 만들어 가는 과정에서는 감정에 바로 반응하기보다 상황을 조금 더 차분하게 살펴보려는 태도가 나타난다. 지금 나타난 변화가 잠시 나타난 현상인지, 아니면 오래 이어질 흐름인지 생각해 보는 과정이 이어지는 것이다.

예를 들어 캠핑 문화가 빠르게 확산되고 있다는 이야기를 들었다고 생각해 보자. 단순히 유행이라는 느낌으로 받아들일 수도 있지만 사람들이 왜 이런 활동을 즐기게 되었는지 이유를 생각해 볼 수도 있다. 여행 방식이 달라졌기 때문인지, 여가 시간이 늘어났기 때문인지, 혹은 자연을 찾는 문화가 확산되고 있기 때문인지 여러 흐름을 차분하게 살펴보게 된다. 이렇게 감정보다 기준을 먼저 세우면 선택의 방향도 보다 안정적으로 이어진다. 판단의 차이는 바로 이런 작은 습관에서 시작된다.

작은 선택이 반복되면서 차이가 커진다

많은 사람들은 큰 기회 한 번이 인생의 방향을 바꾼다고 생각한다. 그러나 실제로는 작은 선택들이 반복되면서 차이가 만들어지는 경우가 훨씬 많다. 같은 수준의 수입과 비슷한 생활을 시작하더라도 생활 속 변화에 관심을 두는 흐름과 그렇지 않은 흐름 사이에는 시간이 지나면서 차이가 나타난다. 생활 속에서 나타나는 작은 변화를 바라보며 그것이 어떤 기회로 이어질 수 있을지 생각하는 과정이 반복되면 선택의 폭이 조금씩 넓어진다.

예를 들어 주변에서 중고 거래가 활발해지는 모습을 보게 되었을 때 단순한 생활 변화로 바라볼 수도 있지만 작은 온라인 판매나 새로운 방식의 거래를 시도해 볼 수 있다는 생각으로 이어질 수도 있다. 처음에는 작은 실험처럼 보이지만 경험이 쌓이면서 새로운 가능성을 발견하는 과정이 이어진다. 반대로 아무런 시도가 이루어지지 않으면 생활의 흐름은 크게 달라지지 않는다. 이렇게 작은 선택이 반복되면서 점점 더 큰 차이가 만들어진다. 자산의 차이는 어느 날 갑자기 나타나는 것이 아니라 판단의 반복 속에서 서서히 형성된다.

판단의 기준이 기회의 방향을 만든다

중요한 것은 무엇을 선택하느냐보다 어떤 기준으로 판단하느냐. 사람마다 정보를 바라보는 방식이 다르고 상황을 해석하는 기준도 서로 다르다. 변화가 나타났을 때 위험을 먼저 떠올리는 시선도 존재하고, 동시에 그 안에서 새로운 가능성을 발견하려는 시선도 존재한다. 물론 모든 판단이 항상 맞는 것은 아니다. 그러나 꾸준히 생각하고 시도하는 과정 속에서 경험이 쌓이면서 판단의 기준도 점점 더 또렷해진다.

예를 들어 배달 서비스가 빠르게 늘어나는 장면을 바라보면 단순히 생활이 편리해졌다는 변화로 보일 수도 있다. 그러나 이 변화가 생활 방식 자체를 바꾸고 있다는 흐름을 발견하게 되면 전혀 다른 생각이 이어질 수 있다. 음식 판매 방식이나 새로운 서비스 아이디어처럼 다양한 가능성이 떠오르기 때문이다. 이런 차이는 특별한 능력에서 나오기보다 세상을 바라보는 기준에서 만들어진다. 판단의 기준이 달라지면 같은 정보를 보면서도 다른 기회를 발견하게 되고 그 작은 차이가 시간이 흐르면서 자산의 차이로 이어지기도 한다.

돈의 심리학
사람들은 왜 이미 믿는 정보만 받아들일까

사람들은 정보를 접할 때 항상 객관적으로 판단한다고 생각하지만 실제로는 그렇지 않은 경우가 많다. 특히 돈과 관련된 이야기에서는 이미 마음속에 가지고 있는 생각이 정보를 받아들이는 방식에 큰 영향을 준다. 어떤 소식을 들었을 때 우리는 그 내용 자체보다 "내 생각과 맞는가"를 먼저 느끼는 경우가 많다. 그래서 같은 뉴스를 보더라도 어떤 사람은 기회를 발견하고, 어떤 사람은 위험만 보기도 한다. 이런 차이는 정보의 내용보다 사람의 심리에서 시작된다. 우리가 이미 믿고 있는 생각이 정보를 선택적으로 받아들이게 만들기 때문이다.

예를 들어 어떤 사람이 특정 산업이 앞으로 성장할 것이라고 믿고 있다고 가정해 보자. 그러면 그 산업이 발전하고 있다는 뉴스나 긍정적인 전망이 담긴 글은 더 쉽게 받아들인다. 반대로 같은 분야에서 어려움을 이야기하는 기사나 경고는 크게 신경 쓰지 않거나 잠깐 보고 넘기는 경우가 많다. 이런 모습은 특별한 일이 아니라 대부분의 사람들이 자연스럽게 보이는 행동이다. 사람의 마음은 스스로의 판단이 틀리지 않았다고 느끼고 싶어 하기 때문이다.

이 심리는 일상적인 소비에서도 자주 나타난다. 예를 들어 어떤 브랜드의 가방을 사고 싶다고 마음먹으면 우리는 그 제품의 장점을 이야기하는 글이나 후기를 더 관심 있게 읽게 된다. "디자인이 좋다", "오래 사용할 수 있다" 같은 이야기들은 쉽게 기억에 남는다. 반면 가격이 비싸다거나 비슷한 제품이 많다는 이야기들은 상대적으로 덜 중요하게 느껴진다. 이미 마음 속에서 어느 정도 선택이 정해졌기 때문에 그 결정을 지지해 줄 정보가 더 크게 보이는 것이다.

이러한 심리는 정보를 빠르게 소비하는 환경에서 더 강하게 나타난다. 스마트폰을 통해 수많은 뉴스와 글을 접하다 보면 우리는 모든 내용을 깊이 생각하기보다 눈에 들어오는 것만 빠르게 받아들이게 된다. 그 과정에서 자신이 이미 관심을 가지고 있던 분야나 믿고 있던 이야기와 비슷한 정보가 더 쉽게 눈에 들어온다. 자연스럽게 비슷한 생각만 반복해서 접하게 되고, 다른 가능성은 점점 보이지 않게 되기도 한다.

또한 사람들은 이미 알고 있는 이야기에서 편안함을 느끼는 경향도 있다. 익숙한 생각과 같은 방향의 정보는 이해하기 쉽고 받아들이기도 편하다. 반대로 자신의 생각과 다른 내용은 잠깐 멈추어 다시 생각해야 하기 때문에 자연스럽게 피하게 되는 경우도 많다. 그래서 우리는 스스로 인식하지 못한 채 비슷한 의견과 비슷한 해석 속에서 계속 정보를 접하게 되고, 그 과정에서 생각의 방향이 더욱 단단해지기도 한다.

그래서 돈의 흐름을 잘 읽는 사람들은 정보를 볼 때 한 가지 습관을 가지고 있다. 바로 "내 생각과 다른 이야기에도 잠시 귀를 기울여 보는 것"이다. 어떤 뉴스가 자신의 예상과 다르게 보일 때 바로 무시하지 않고 잠깐 멈추어 생각해 보는 것이다. 이 과정은 생각을 더 복잡하게 만들기도 하지만 동시에 판단의 균형을 잡아 주기도 한다.

또 하나 흥미로운 점은 사람들이 자신의 판단을 이미 정해 놓았다는 사실을 스스로 잘 인식하지 못한다는 것이다. 우리는 정보를 객관적으로 검토하고 있다고 느끼지만 실제로는 마음속 기대나 경험이 먼저 기준이 되는 경우가 많다. 그래서 같은 정보라도 어떤 사람에게는 확신을 강화하는 자료가 되고, 다른 사람에게는 단순한 이야기처럼 느껴지기도 한다. 이런 차이가 반복되면서 정보는 단순한 뉴스가 아니라 각자의 생각을 더욱 단단하게 만드는 역할을 하게 된다.

정보가 많아질수록 중요한 것은 더 많은 소식을 아는 것이 아니라 어떻게 받아들이느냐다. 이미 믿고 있는 생각만 확인하려고 하면 새로운 가능성은 쉽게 보이지 않는다. 하지만 다른 관점의 이야기에도 잠시 귀를 기울이면 같은 정보 속에서도 더 다양한 의미를 발견할 수 있다. 결국 정보를 다루는 방식은 단순한 지식의 문제가 아니라 생각의 습관과도 깊이 연결되어 있다.

돈과 관련된 선택 역시 이런 심리 속에서 이루어진다. 우리는 언제나 완벽하게 객관적인 판단을 할 수는 없지만 자신의 생각이 정보를 어떻게 받아들이고 있는지 조금만 의식해도 선택의 방향이 달라질 수 있다. 그렇게 작은 인식의 변화가 쌓이면서 정보는 단순한 뉴스가 아니라 새로운 기회를 발견하는 단서가 되기도 한다.

PART 5

돈을 관리하는 방식이
결과를 바꾼다

1

돈이 어디로
가는지 아는 사람들

우리는 대부분 "돈을 더 잘 관리해야겠다"는 생각을 한 번쯤 해 본다. 월급이 들어오는 날에는 마음이 든든하지만 며칠이 지나고 나면 생각보다 지갑이 가벼워진 느낌이 들기도 한다. 그러다 어느 순간 "이번 달에 돈을 어디에 썼지?"라는 생각이 떠오르기도 한다. 흥미로운 점은 수입이 크게 다르지 않아도 자신의 돈의 흐름을 비교적 또렷하게 알고 있는 경우가 있고, 사용한 돈의 방향이 잘 떠오르지 않는 경우도 있다는 사실이다. 그 차이는 특별한 능력보다 돈을 바라보는 습관에서 시작되는 경우가 많다. 돈이 어디로 흘러가는지 자주 떠올리는 생활이 반복되면 소비를 바라보는 방식도 조금씩 달라지기 때문이다.

돈의 흐름을 떠올리는 사람들은 지출을 더 또렷하게 기억한다

돈이 어디로 가는지 아는 사람들은 대부분 복잡한 계산을 잘해서라기보다 평소 지출을 한 번 더 떠올려 보는 습관을 가지고 있다. 하루 동안 어떤 곳에서 돈을 사용했는지 가볍게 생각해 보거나 카드 사용 내역을 잠깐 확인하는 것만으로도 돈의 흐름은 조금 더 또렷하게 보이기 시작한다. 이런 습관이 반복되면 돈이 빠져나가는 순간을 자연스럽게 인식하게 된다. 그래서 비슷한 상황이 다시 나타났을 때도 이전의 소비 경험이 떠오르기 쉽다. 이렇게 지출을 기억하는 과정은 돈의 흐름을 이해하는 첫 번째 단계가 되기도 한다.

예를 들어 점심시간에 카페에 들르는 생활을 떠올려 보자. 커피를 마신 뒤 그 소비를 크게 생각하지 않는 경우도 있지만 하루가 끝날 무렵 "오늘도 커피를 마셨네" 하고 한 번 더 떠올리는 습관이 생기기도 한다. 이런 생각이 반복되면 한 달 동안 얼마나 카페에 들렀는지도 자연스럽게 감이 잡히기 시작한다. 이렇게 작은 인식이 쌓이면 돈이 어떤 방향으로 흐르고 있는지 조금씩 보이기 시작한다.

작은 지출은 쉽게 지나가지만 쌓이면 큰 흐름이 된다

많은 사람들이 돈을 관리하기 어렵게 느끼는 이유 중 하나는 작은 지출이 너무 자연스럽게 지나가기 때문이다. 몇 천 원 정도의 소비는 크게 부담스럽지 않기 때문에 특별히 기억하지 않는 경우도 많다. 하지만 이런 작은 지출이 반복되면 어느 순간 예상보다 많은 금액이 사용되기도 한다. 그래서 돈의 흐름을 잘 이해하는 생활에서는 큰 소비뿐 아니라 작은 지출도 가볍게 인식하려는 습관이 만들어지기도 한다. 이런 태도는 돈을 아끼기 위한 긴장감이라기보다 흐름을 이해하려는 관심에 가깝다.

예를 들어 편의점에서 간단한 간식을 사는 상황을 떠올려 보자. 한 번의 소비는 큰 부담이 되지 않지만 이런 선택이 며칠 동안 이어지면 지출의 패턴이 만들어지기 시작한다. 그때 "요즘 간식을 자주 사는 것 같네" 하는 생각이 떠오르는 순간이 생기기도 한다. 그 순간부터 소비에 대한 인식이 조금 달라지기 시작한다. 이렇게 작은 지출을 의식하는 경험이 쌓이면 돈의 흐름을 이해하는 감각도 점점 또렷해진다.

기록은 돈을 바라보는 시선을 바꾸기도 한다

돈을 관리하는 생활에서는 지출을 간단하게 기록하는 습관이 도움이 되기도 한다. 기록이라고 해서 복잡한 장부를 만드는 것이 아니라 하루에 사용한 금액을 간단히 적어 두는 정도일 때도 많다. 이런 기록은 처음에는 단순한 숫자의 목록처럼 보이지만 시간이 지나면 돈의 흐름을 보여 주는 작은 지도처럼 느껴지기 시작한다. 그래서 기록을 이어 가다 보면 이전보다 자신의 소비 패턴을 더 또렷하게 인식하게 되는 경우가 많다.

지출을 기록하는 과정에서 이전에는 잘 느끼지 못했던 반복적인 소비가 눈에 들어오기도 한다. 특정한 소비가 자주 이어지고 있다는 사실을 발견하면 자연스럽게 "왜 이런 지출이 반복되고 있을까" 하는 생각이 떠오르기도 한다. 이런 과정은 소비를 억지로 줄이기 위한 행동이라기보다 생활을 이해하는 과정에 가깝다. 기록은 단순히 숫자를 남기는 일이 아니라 돈을 바라보는 시선을 조금씩 바꾸는 계기가 되기도 한다.

돈의 흐름을 알게 되면 선택이 조금 달라진다

돈이 어디로 가는지 알게 되면 소비의 기준도 자연스럽게 달라지기 시작한다. 이전에는 아무 생각 없이 했던 지출도 한 번 더 떠올려보게 되기 때문이다. 이런 변화는 큰 결심에서 시작되기보다 돈의 흐름을 인식하는 작은 경험에서 시작되는 경우가 많다. 그래서 돈을 관리하는 생활은 처음부터 완벽한 계획을 세우기보다 자신의 소비를 관찰하는 것에서 시작되기도 한다.

카드 사용 내역을 가볍게 확인하는 습관만으로도 소비에 대한 감각이 조금 달라지기 시작한다. 이전에는 단순히 돈이 부족하다는 느낌만 남았다면 이제는 어떤 지출이 반복되고 있는지 조금씩 보이기 시작한다. 이런 변화는 돈을 통제한다는 느낌보다 돈의 흐름을 이해한다는 감각에 가깝다. 결국 돈이 어디로 가는지 아는 생활은 특별한 비결이 있기 때문이 아니라 자신의 소비를 천천히 바라보는 시간을 가지고 있기 때문에 만들어지는 경우가 많다.

2

기록이 돈의 흐름을
바꾸는 이유

우리는 종종 돈을 더 잘 관리해야겠다고 생각한다. 월급이 들어온 날에는 계획을 세워 보기도 하고 이번 달에는 불필요한 소비를 줄여 보겠다고 마음먹기도 한다. 그러나 시간이 조금 지나면 처음 세웠던 생각은 점점 흐려지고 평소와 비슷한 소비가 이어지기 쉽다. 그러다 어느 순간 계좌를 확인하면서 생각보다 돈이 많이 줄었다는 느낌을 받기도 한다. 많은 사람들이 돈을 관리하는 데 어려움을 느끼는 이유도 바로 이런 과정 속에 있다. 돈을 쓰는 순간에는 크게 느껴지지 않던 지출이 시간이 지나면서 하나의 흐름을 만들기 때문이다. 그래서 돈을 비교적 안정적으로 관리하는 흐름을 가진 경우에는 특별한 방법을 찾기보다 먼저 돈의 흐름을 눈에 보이게 만드는 습관을 만들기도 한다. 그 대표적인 방법이 바로 기록이다.

기록은 보이지 않던 돈의 흐름을 드러낸다

사람들은 돈을 사용할 때 대부분 그 순간의 필요나 기분에 따라 결정을 내린다. 그래서 지출이 일어나는 순간에는 그 소비가 전체 생활 속에서 어떤 의미를 가지는지 바로 느끼기 어렵다. 하지만 사용한 돈을 기록하기 시작하면 상황이 조금 달라진다. 기록은 흩어져 있던 소비를 하나의 흐름으로 이어 보이게 만들기 때문이다. 하루 동안 사용한 금액이 작은 것처럼 느껴지더라도 일정 기간 동안의 기록을 함께 살펴보면 지출의 방향이 조금씩 드러나기 시작한다. 평소에는 크게 인식하지 못했던 소비도 기록을 통해 다시 보게 되면 새로운 의미로 느껴지기도 한다.

예를 들어 점심을 먹은 뒤 자연스럽게 카페에 들르는 생활을 떠올려 볼 수 있다. 하루 동안의 소비로 보면 커피 한 잔의 금액은 크게 느껴지지 않는다. 그러나 같은 선택이 한 달 동안 반복되면 생각보다 일정한 지출 흐름이 만들어진다. 기록을 통해 이런 흐름을 확인하게 되면 소비 자체를 억지로 줄이기보다 생활 속 선택을 조금 다르게 바라보게 되기도 한다. 어떤 날에는 카페 대신 다른 선택을 해 보는 계기가 만들어지기도 하고, 특정한 소비가 얼마나 자주 반복되는지 자연스럽게 인식하게 되기도 한다. 이렇게 기록은 지출을 통제하는 도구라기보다 소비의 모습을 보여 주는 창과 같은 역할을 한다.

기록을 시작하면 소비를 바라보는 시선이 달라진다

돈을 기록하는 경험은 단순히 숫자를 적어 두는 일처럼 보일 수 있다. 하지만 기록이 이어지기 시작하면 소비를 바라보는 관점에 작은 변화가 생긴다. 기록이 없는 상태에서는 지출이 하나의 사건처럼 지나가지만 기록이 남기 시작하면 그 소비가 전체 흐름 속에서 보이기 시작하기 때문이다. 어느 날에는 지출이 많고 어느 날에는 비교적 적은 이유도 조금씩 이해되기 시작한다. 이렇게 소비를 흐름 속에서 바라보는 경험이 쌓이면 돈을 사용하는 감각도 자연스럽게 달라진다.

일주일 동안의 지출을 한 번에 정리해 보는 습관도 이런 변화를 만들어 낼 수 있다. 하루 동안의 소비만 보면 특별한 의미가 느껴지지 않지만 일주일 동안의 기록을 함께 보면 지출이 특정한 상황에서 늘어난다는 사실을 발견하기도 한다. 피곤한 날에는 배달 음식을 선택하는 횟수가 많아지거나 바쁜 날에는 간단한 간식을 자주 구매하게 되는 흐름이 보이기도 한다. 이런 발견은 소비를 억지로 줄이기 위한 노력보다 생활 속 선택을 이해하는 데 도움을 준다. 기록이 소비의 이유를 생각하게 만드는 계기가 되기 때문이다.

기록은 중요하지만 쉽게 미루어지기도 한다

흥미로운 점은 많은 사람들이 기록의 필요성을 알고 있으면서도 쉽게 시작하지 못한다는 사실이다. 기록이라는 행동이 번거로운 일처럼 느껴지기 때문이다. 하루 동안 사용한 금액을 하나씩 적는 일이 생각보다 부담스럽게 느껴질 수 있다. 그래서 처음에는 의욕적으로 기록을 시작했지만 며칠 지나지 않아 중단되는 장면도 자주 나타난다. 바쁜 날에는 기록을 미루게 되고 시간이 조금 지나면 지출을 정확히 떠올리기 어려워지기도 한다. 이런 경험은 기록 자체보다 기록을 이어 가는 일이 더 어렵다는 사실을 보여 준다.

그래서 돈의 흐름을 비교적 잘 관리하는 경우에는 완벽한 기록보다 가볍게 이어 가는 습관을 더 중요하게 여긴다. 모든 지출을 빠짐없이 적어야 한다는 부담보다 간단하게라도 소비를 남겨 두는 방식이 더 오래 지속되기 때문이다. 메모를 남기거나 카드 사용 내역을 가볍게 확인하는 것만으로도 지출을 다시 떠올리는 시간이 만들어진다. 이런 작은 행동이 반복되면 기록은 부담스러운 일이 아니라 자연스러운 생활 습관처럼 느껴지기도 한다.

작은 기록이 돈의 방향을 바꾸기도 한다

기록의 힘은 거창한 변화에서 시작되지 않는다. 사용한 돈을 한 번 더 떠올리는 작은 행동에서 변화가 만들어지기 때문이다. 지출을 기록하는 순간 소비를 다시 바라보게 되고, 이전에는 그냥 지나갔던 선택도 조금 더 또렷하게 보이기 시작한다. 이런 경험이 반복되면 돈의 흐름이 점점 분명해진다. 소비의 방향을 이해하게 되면 생활 속 선택도 조금씩 달라진다.

기록을 통해 반복되는 지출을 인식하게 되면 돈을 사용하는 방식에도 자연스러운 변화가 나타난다. 이전에는 월말이 되어야 지출을 크게 느꼈다면 기록을 통해 지출의 흐름을 조금 더 일찍 확인하게 되기 때문이다. 그 과정에서 소비를 무조건 줄이려 하기보다 지출의 순서를 조정하거나 선택의 기준을 조금 바꾸게 되기도 한다. 이렇게 기록은 소비 행동을 강제로 바꾸는 방법이 아니라 돈의 흐름을 이해하게 만들면서 생활 속 선택을 천천히 변화시키는 역할을 하기도 한다.

3

돈이 모이는
사람들의 관리 습관

돈이 모이는 사람들을 보면 특별한 재능이나 큰 수입이 있어서 그런 것처럼 느껴질 때가 있다. 하지만 조금 가까이서 살펴보면 그 차이는 의외로 거창한 방법에서 시작되지 않는다. 대부분은 돈을 바라보는 태도와 관리하는 습관에서 조금씩 차이가 나타난다. 같은 월급을 받고 같은 도시에서 생활해도 어떤 사람은 돈의 흐름을 비교적 잘 파악하고 있고, 어떤 사람은 매달 비슷한 고민을 반복한다. 이런 차이는 하루아침에 생기는 것이 아니라 일상 속 작은 행동들이 쌓이면서 만들어진다. 특히 돈을 어떻게 관리하고 어떤 방식으로 소비를 바라보는지에 따라 결과가 달라지기도 한다. 그래서 돈이 모이는 사람들의 특징을 살펴보면 복잡한 재테크 방법보다 평소의 생활 습관이 더 크게 작용하는 경우가 많다.

돈의 흐름을 먼저 살펴보는 습관

돈이 모이는 흐름을 가진 사람들은 소비를 하기 전에 자신의 돈이 어떤 방향으로 움직이고 있는지를 먼저 살펴보는 경우가 많다. 이들은 단순히 얼마를 벌고 얼마를 사용했는지를 계산하는 것보다 돈이 어디로 흘러가는지를 이해하려는 태도를 가지고 있다. 그래서 특정한 시기에 지출이 늘어나는 순간이나 반복되는 소비 패턴을 비교적 쉽게 알아차린다. 이런 태도는 소비를 억지로 줄이기 위한 긴장감이라기보다 생활의 흐름을 이해하려는 관심에 가깝다.

예를 들어 매달 말이 되면 계좌의 지출 내역을 가볍게 훑어보는 습관을 떠올려 볼 수 있다. 특별한 분석을 하거나 복잡한 계산을 하는 것은 아니지만 어디에 돈이 많이 사용되었는지 정도는 자연스럽게 확인하게 된다. 이렇게 한 달 동안의 흐름을 바라보다 보면 평소에는 크게 느끼지 못했던 소비의 방향이 조금씩 보이기 시작한다. 바쁜 시기에는 배달 음식 지출이 늘어나기도 하고 스트레스가 많았던 기간에는 쇼핑이 많아지는 장면이 발견되기도 한다. 이런 관찰이 반복되면 소비를 억지로 줄이기보다 생활 방식 자체를 조금 다르게 조정하는 선택이 만들어지기도 한다.

소비 결정을 조금 늦추는 습관

돈이 모이는 생활을 이어 가는 사람들에게는 소비를 결정하는 순간에 약간의 시간을 두는 특징도 나타난다. 많은 경우 물건을 보고 마음이 움직이면 바로 구매를 결정하게 된다. 그러나 소비를 관리하는 흐름을 가진 경우에는 그 순간의 감정을 잠시 뒤로 미루는 선택을 하기도 한다. 사고 싶은 물건이 생겼을 때 바로 결제하기보다 잠시 시간을 두고 다시 생각해 보는 방식이다. 이렇게 짧은 시간의 여유만 있어도 소비의 결과가 달라지는 장면이 나타나기도 한다.

온라인 쇼핑을 할 때 장바구니에 물건을 담아 두고 바로 결제하지 않는 습관이 그 예가 될 수 있다. 처음에는 단순히 충동구매를 줄이기 위한 작은 시도에서 시작되기도 한다. 그러나 시간이 지나면서 흥미로운 변화가 나타난다. 하루 정도 시간이 지나면 전날 꼭 필요하게 느껴졌던 물건이 생각보다 중요하지 않게 보이는 순간이 생기기도 한다. 그 과정에서 구매를 취소하는 일이 자연스럽게 늘어나고 소비의 양도 조금씩 줄어들기 시작한다. 이렇게 선택의 속도를 조절하는 방식은 소비를 억지로 참는 느낌보다 훨씬 부드러운 관리 방법이 되기도 한다.

작은 지출을 그냥 지나치지 않는 태도

돈이 모이는 흐름을 가진 사람들은 큰 소비보다 오히려 작은 지출에 조금 더 주의를 기울이는 경우가 많다. 사람들은 보통 큰 금액을 사용할 때는 신중하게 생각하지만 작은 금액은 쉽게 지나치기 때문이다. 그러나 이런 작은 소비가 반복되면 예상보다 큰 금액이 되기도 한다. 그래서 돈의 흐름을 안정적으로 관리하는 생활에서는 사소한 지출도 한 번쯤 돌아보는 태도가 나타난다.

출근길에 편의점에 들러 간단한 간식을 구매하는 장면을 떠올려 볼 수 있다. 하루에 몇 천 원 정도의 소비는 크게 느껴지지 않는다. 그러나 같은 선택이 한 달 동안 반복되면 지출의 흐름 속에서 꽤 큰 금액이 만들어지기도 한다. 이런 사실을 인식하게 되면 소비를 완전히 끊기보다 횟수를 조금 줄이거나 다른 선택을 해 보는 변화가 생기기도 한다. 이렇게 작은 지출을 인식하는 경험은 생활을 불편하게 만들기보다 돈의 흐름을 더 또렷하게 보여 주는 역할을 하기도 한다.

완벽한 관리보다 꾸준한 관리

많은 사람들이 돈을 관리하려고 할 때 처음부터 완벽한 계획을 세우려고 한다. 하지만 실제로 돈이 모이는 생활을 이어 가는 모습은 완벽함보다는 꾸준함에 가까운 경우가 많다. 때로는 기록을 빠뜨리기도 하고 계획과 다른 소비가 생기기도 한다. 그럼에도 불구하고 다시 자신의 돈의 흐름을 확인하는 습관을 이어 간다. 그래서 관리가 중단되는 대신 자연스럽게 계속 이어지는 흐름이 만들어진다.

매일 가계부를 쓰는 방식이 부담스럽다면 일주일에 한 번 정도 지출을 정리하는 방법도 있다. 이렇게 자신에게 맞는 방식으로 관리가 이어지면 소비에 대한 감각도 조금씩 생기기 시작한다. 이전에는 월말이 되어야 지출이 크게 느껴졌다면 이제는 대략적인 흐름을 미리 떠올릴 수 있게 된다. 이런 변화는 돈을 모으는 과정이 특별한 기술보다 일상 속에서 이어지는 작은 습관에서 만들어질 수 있음을 보여준다.

4

계획이 있는
지출과 없는 지출

돈을 사용하는 방식에는 크게 두 가지 흐름이 있다. 하나는 계획을 세우고 사용하는 소비이고, 다른 하나는 그때그때 상황에 따라 이루어지는 소비이다. 대부분의 사람들은 두 가지 방식을 모두 경험하며 살아간다. 하지만 시간이 지나면서 어떤 소비가 더 많아지느냐에 따라 돈의 흐름도 조금씩 달라지기 시작한다. 계획이 있는 지출은 돈이 어디로 갈지 어느 정도 예상할 수 있게 만들지만, 계획 없이 이루어지는 소비는 흐름을 흐릿하게 만들기도 한다. 그래서 같은 수입을 가지고도 어떤 사람은 돈이 남고 어떤 사람은 항상 부족하다고 느끼게 된다. 이런 차이는 특별한 재테크 기술이 아니라 일상 속 소비 방식에서 자연스럽게 만들어진다.

미리 생각해 보는 소비의 힘

계획이 있는 지출은 거창한 예산표에서 시작되는 것이 아니라 간단한 생각에서 시작되기도 한다. 예를 들어 한 달 동안 필요한 지출을 대략 떠올려 보는 것만으로도 소비의 방향이 달라질 수 있다. 이런 과정은 돈을 아끼기 위한 행동이라기보다 돈의 흐름을 미리 그려 보는 과정에 가깝다. 사람들은 막연하게 소비를 할 때보다 어떤 지출이 예정되어 있을 때 선택을 조금 더 신중하게 하기도 한다.

한 직장인은 월초에 큰 계획을 세우지 않지만 몇 가지 지출만 미리 정해 둔다고 한다. 예를 들어 이번 달에는 친구와의 약속이 많다든지, 집에 필요한 물건을 사야 한다는 정도만 떠올려 본다. 그러면 평소에는 별 생각 없이 하던 소비도 조금 다르게 보이기 시작한다고 한다. 예를 들어 충동적으로 물건을 사려고 할 때 "이번 달에는 이미 지출이 많겠구나"라는 생각이 자연스럽게 떠오른다는 것이다. 이런 작은 생각의 차이가 소비 선택을 조금씩 바꾸기도 한다.

그때그때 이루어지는 소비의 특징

반대로 계획 없이 이루어지는 지출은 대부분 순간적인 상황에서 시작된다. 배가 고플 때 간식을 사거나 기분이 좋을 때 쇼핑을 하거나, 할인 문구를 보고 물건을 구매하는 경우가 그렇다. 이런 소비는 하나하나 보면 크게 문제가 되지 않는 경우가 많다. 하지만 비슷한 소비가 반복되면 돈의 흐름이 예상과 다르게 움직이기도 한다.

예를 들어 퇴근길마다 카페에 들르는 습관이 있는 사람이 있다. 하루의 피로를 풀기 위해 커피를 마시는 것은 자연스러운 행동이다. 하지만 이런 소비가 매일 반복되면 한 달 뒤에는 생각보다 큰 금액이 되기도 한다. 가계부를 쓰다가 이 사실을 알게 된 뒤에는 커피를 완전히 끊기보다 횟수를 조절하기 시작했다. 그러자 소비를 억지로 참지 않았는데도 지출의 흐름이 조금씩 달라졌다고 느끼게 되었다.

소비 기준이 생기면 선택이 쉬워진다

계획이 있는 지출이 도움이 되는 이유는 소비 기준을 만들어 주기 때문이다. 기준이 없는 상태에서는 눈앞의 선택이 항상 새롭게 느껴진다. 하지만 자신만의 소비 기준이 생기면 선택의 과정이 훨씬 간단해지기도 한다. 예를 들어 외식은 일주일에 두 번 정도로 정해 두고 그 안에서 자유롭게 소비하는 방식도 있다.

이런 방식은 소비를 제한하는 것처럼 보이지만 실제로는 오히려 선택을 편하게 만들기도 한다. 왜냐하면 기준이 이미 정해져 있기 때문이다. 어떤 주에는 외식을 두 번 했기 때문에 더 이상 고민하지 않아도 되고, 어떤 주에는 한 번밖에 하지 않았기 때문에 친구의 제안을 편하게 받아들일 수 있다. 이런 기준은 돈을 관리하기 위한 규칙이라기보다 생활을 정리하는 기준에 가깝다. 그래서 소비의 흐름도 자연스럽게 안정되는 경우가 많다.

지출을 돌아보는 작은 습관

계획적인 소비를 실천하는 사람들에게서 자주 발견되는 또 하나의 특징은 자신의 지출을 가끔씩 돌아본다는 점이다. 특별한 방법을 사용하는 것은 아니지만 한 달 동안 어떤 곳에 돈을 사용했는지를 천천히 떠올려 보는 것이다. 이렇게 자신의 소비를 한 번씩 살펴보면 평소에는 느끼지 못했던 지출의 흐름이 보이기 시작한다. 예를 들어 비슷한 소비가 반복되고 있다는 사실을 알게 되기도 하고, 생각보다 중요하지 않은 곳에 돈이 쓰이고 있다는 것을 발견하기도 한다. 이런 과정은 소비를 억지로 줄이기 위한 행동이라기보다 자신의 생활을 이해하는 과정에 가깝다. 그래서 지출을 돌아보는 작은 습관은 돈을 관리하는 가장 단순하지만 효과적인 방법이 되기도 한다.

계획은 완벽할 필요가 없다

많은 사람들이 계획적인 소비를 어렵게 느끼는 이유는 완벽한 계획을 떠올리기 때문이다. 하지만 실제 생활에서는 계획이 항상 정확하게 맞아떨어지지 않는다. 예상하지 못한 약속이 생기거나 갑자기 필요한 물건이 생기기도 한다. 그래서 계획이 조금 어긋나는 것은 자연스러운 일이다. 중요한 것은 계획이 틀리지 않는 것이 아니라 소비를 돌아볼 기준이 있다는 점이다.

매달 예산을 세우기보다 큰 지출만 미리 생각해 두는 방식도 있다. 예를 들어 여행이나 큰 쇼핑처럼 금액이 큰 소비만 먼저 정리해 두고 나머지는 생활 속에서 자연스럽게 사용한다. 이렇게 지출의 큰 흐름을 먼저 잡아 두면 돈이 어디로 흘러가고 있는지 대략적인 감각이 생기기 시작한다. 이전에는 월말이 되면 항상 지출이 예상보다 많았지만 이제는 소비의 흐름이 어느 정도 눈에 보이기 시작한다. 이런 변화는 특별한 방법이라기보다 생활 속에서 돈을 바라보는 태도가 조금씩 달라지면서 만들어진 것이다.

5

관리가 시작되면
돈의 길이 보인다

　돈을 관리한다는 말은 때때로 거창하게 들린다. 그래서 많은 사람들은 재무 계획표나 복잡한 계산을 떠올리기도 한다. 하지만 실제로는 아주 단순한 변화에서 시작되는 경우가 많다. 자신의 돈이 어디에서 들어오고 어디로 나가는지를 한 번쯤 바라보는 순간부터 관리가 시작된다. 그 전까지는 돈이 단순히 들어왔다가 사라지는 느낌이었다면 관리가 시작되는 순간부터 흐름이 보이기 시작한다. 이 흐름이 보이기 시작하면 소비를 바라보는 기준도 자연스럽게 달라진다. 돈을 잘 모으는 사람들의 이야기를 들어 보면 특별한 방법보다 어느 순간부터 돈의 흐름이 보이기 시작했다는 표현을 자주 하게 되는 이유도 바로 여기에 있다.

돈의 흐름이 보이기 시작하는 순간

돈을 관리하기 전에는 대부분의 소비가 하나의 점처럼 느껴진다. 커피 한 잔, 간단한 쇼핑, 친구와의 외식 같은 지출이 각각 따로 존재하는 것처럼 보이기 때문이다. 하지만 지출을 기록하거나 흐름을 살펴보기 시작하면 그 점들이 하나의 선처럼 이어지기 시작한다. 그때 사람들은 자신의 소비 패턴을 처음으로 발견하기도 한다.

예를 들어 지출을 기록하기 시작하면 이전에는 막연하게 "돈을 많이 쓴 것 같다" 정도로만 느껴졌던 소비가 조금 더 구체적으로 보이기 시작한다. 특정 시기에 외식이 늘어나거나 어떤 주말마다 쇼핑이 많아지는 흐름을 발견하기도 한다. 이런 흐름을 인식하게 되면 소비를 억지로 줄이기보다 특정한 지출이 언제 늘어나는지를 자연스럽게 의식하게 된다. 이렇게 돈의 흐름이 보이기 시작하면 소비를 바라보는 시선도 조금씩 달라지기 시작한다.

작은 기록이 만드는 변화

사람들이 돈 관리를 어려워하는 이유 중 하나는 시작이 번거롭게 느껴지기 때문이다. 가계부를 써야 한다거나 모든 소비를 기록해야 한다고 생각하면 부담이 커진다. 그래서 몇 번 시도하다가 중단되는 경우도 많다. 하지만 실제로는 완벽한 기록보다 간단한 기록이 더 오래 이어지는 경우가 많다.

매일 모든 소비를 기록하지 않더라도 일주일에 한 번 정도 지출을 정리하는 방식만으로도 흐름을 이해하기 시작할 수 있다. 그 주에 어떤 소비가 있었는지를 간단히 돌아보는 것만으로도 지출의 방향이 조금씩 보이기 때문이다. 시간이 지나면서 스트레스를 많이 받은 시기에는 쇼핑이 늘어나거나 약속이 많은 달에는 교통비와 외식비가 함께 증가한다는 사실을 발견하기도 한다. 이런 기록은 소비를 제한하기 위한 도구라기보다 소비를 이해하기 위한 과정이 된다.

관리 습관이 만드는 선택의 변화

돈의 흐름을 바라보는 습관이 생기면 소비를 선택하는 방식도 자연스럽게 달라지기 시작한다. 이전에는 물건을 살지 말지 고민하는 일이 많았다면 이제는 그 지출이 어떤 흐름 속에 있는지를 함께 떠올리게 된다. 이런 변화는 소비를 억지로 줄이려는 노력보다 훨씬 자연스럽게 나타난다.

예를 들어 온라인 쇼핑을 할 때 이전보다 한 번 더 생각하게 되는 변화가 나타나기도 한다. 예전에는 마음에 드는 물건을 보면 바로 구매했지만 이제는 최근에 어떤 소비가 있었는지를 먼저 떠올리게 된다. 그러다 보면 지금 꼭 필요하지 않은 소비라는 판단이 들기도 한다. 이런 변화는 소비를 금지하는 것이 아니라 선택의 속도를 조금 늦추는 과정에 가깝다. 그 결과 지출의 흐름도 점차 안정되는 모습을 보이기 시작한다.

돈을 보는 감각이 달라지는 순간

돈의 흐름을 조금씩 바라보기 시작하면 사람들의 감각도 자연스럽게 달라진다. 예전에는 단순한 지출처럼 보였던 소비가 이제는 생활의 한 장면처럼 느껴지기 시작한다. 같은 금액을 사용했는데도 이전보다 소비가 크게 느껴지는 순간이 생기기도 한다. 이는 돈이 줄어들었기 때문이 아니라 돈의 흐름을 의식하게 되었기 때문이다.

이렇게 돈을 바라보는 감각이 달라지면 소비를 억지로 줄이지 않아도 선택이 조금씩 달라지기 시작한다. 돈 관리는 단순히 숫자를 관리하는 일이 아니라 생활을 바라보는 시선을 바꾸는 과정이 되기도 한다. 돈의 흐름을 이해하게 되는 순간부터 소비는 단순한 지출이 아니라 생활 속 선택의 일부로 보이기 시작한다.

관리의 시작은 거창하지 않다

돈 관리라는 말 때문에 시작을 미루는 경우도 많다. 완벽하게 준비한 뒤에 시작해야 한다고 생각하기 때문이다. 하지만 실제로는 작은 행동 하나만으로도 관리의 흐름이 만들어질 수 있다. 한 달 동안 자신의 소비를 한 번 돌아보는 것만으로도 변화의 출발점이 될 수 있다.

카드 사용 내역을 한 번씩 확인하는 습관만으로도 소비에 대한 감각이 달라지기 시작한다. 이전에는 지출이 지나간 뒤에야 돈이 어디로 갔는지 궁금해졌다면 이제는 소비가 이루어지는 순간에도 흐름이 자연스럽게 떠오르기 시작한다. 이런 변화는 특별한 방법 때문이라기보다 돈을 바라보는 시선이 조금 달라졌기 때문에 나타나는 것이다. 관리가 시작되는 순간부터 돈은 막연하게 사라지는 것이 아니라 하나의 길을 따라 움직이는 것처럼 보이기 시작한다.

돈의 심리학
사람들은 왜 돈을 관리하기 어려워할까

사람들은 대부분 돈을 관리해야 한다는 사실을 알고 있다. 월급이 들어오면 어디에 얼마를 써야 할지 생각해 보기도 하고, 가끔은 가계부를 써 보겠다고 마음먹기도 한다. 하지만 그 마음은 생각보다 오래 이어지지 않는 경우가 많다. 며칠은 기록을 하다가도 어느 순간 잊어버리거나 귀찮아지기도 하고, 바쁜 하루가 지나가면 다시 예전 방식으로 돌아가기도 한다. 그래서 많은 사람들이 "돈을 관리해야 하는 건 알지만 잘 되지 않는다"는 말을 반복한다. 이것은 의지가 부족해서라기보다 돈을 대하는 심리와 생활 습관이 서로 얽혀 있기 때문에 나타나는 자연스러운 모습이기도 하다.

사람들이 돈을 관리하기 어려워하는 이유 중 하나는 소비가 대부분 순간적인 선택으로 이루어지기 때문이다. 예를 들어 퇴근길에 들른 카페에서 커피를 사거나, 온라인 쇼핑몰에서 마음에 드는 물건을 발견하는 순간에는 관리나 기록 같은 생각이 쉽게 떠오르지 않는다. 그 순간에는 지금의 기분이나 편리함이 더 크게 느껴지기 때문이다. 그래서 많은 소비는 "지금 필요하다"는 감각 속에서 자연스럽게 이루어진다. 이런 선택은 특별한 계획 없이도 일상 속에서 계속 반복되기 쉽다.

예를 들어 어떤 사람은 하루의 피로를 풀기 위해 퇴근 후 간단한 쇼핑을 하는 습관이 있었다고 한다. 처음에는 단순히 스트레스를 풀기 위한 작은 소비였지만 점점 비슷한 행동이 반복되면서 지출이 늘어났다고 느끼게 되었다. 하지만 그 순간에는 특별히 큰 금액을 사용한다는 느낌이 들지 않았기 때문에 소비가 계속 이어졌다고 말한다. 이런 경험은 많은 사람들이 공감하는 부분이기도 하다. 작은 소비는 부담이 적게 느껴지기 때문에 쉽게 반복되기 때문이다.

또 다른 이유는 돈이 눈앞에서 사라지는 과정이 예전보다 잘 보이지 않기 때문이다. 현금을 사용하던 시기에는 지갑에서 돈이 줄어드는 모습이 비교적 분명하게 느껴졌다. 하지만 요즘은 카드나 모바일 결제처럼 눈에 보이지 않는 방식으로 소비가 이루어지는 경우가 많다. 그래서 돈이 실제로 줄어드는 감각이 이전보다 흐릿하게 느껴지기도 한다. 이런 환경에서는 소비를 인식하는 순간이 늦어지기도 한다.

예를 들어 카드 명세서를 확인하고 나서야 생각보다 많은 돈을 사용했다는 사실을 알게 되는 경우가 있다. 평소에는 작은 결제를 여러 번 했다는 정도로만 기억하고 있었지만 한 달 동안의 지출을 한 번에 살펴보면 예상보다 큰 금액이 되어 있는 것을 발견하게 되기도 한다. 이런 경험을 통해 소비 자체보다 소비를 인식하는 시점이 늦었다는 사실을 깨닫게 되기도 한다. 이러한 상황은 많은 사람들이 한 번쯤 겪는 경험이기도 하다.

사람들이 돈 관리를 미루게 되는 또 다른 이유는 관리가 어렵고 번거로운 일처럼 느껴지기 때문이다. 가계부를 써야 한다거나 지출을 모두 기록해야 한다고 생각하면 시작하기 전부터 부담이 커진다. 그래서 많은 사람들은 "시간이 생기면 시작해야지"라고 생각하면서도 실제로는 미루게 된다. 하지만 이렇게 미루는 동안 소비 습관은 그대로 이어지고 돈의 흐름은 다시 흐릿해지기도 한다.

하지만 흥미로운 점은 돈 관리를 시작한 사람들 대부분이 생각보다 어렵지 않았다고 말한다는 것이다. 처음에는 복잡할 것이라고 생각했지만 막상 시작해 보면 작은 확인이나 간단한 기록만으로도 충분하다는 것을 알게 된다고 한다. 이렇게 관리의 부담이 생각보다 크지 않다는 사실을 경험하면 돈을 바라보는 마음도 조금 가벼워지기 시작한다. 이전에는 소비를 떠올리면 막연한 부담이 느껴졌다면 이제는 자신의 생활을 이해하는 과정처럼 느껴지기도 한다.

그래서 돈을 관리하는 사람들의 이야기를 들어 보면 처음부터 완벽하게 시작한 경우는 많지 않다. 어떤 사람은 단순히 카드 사용 내역을 가끔 확인하는 것부터 시작했다고 말한다. 또 어떤 사람은 한 달 동안 가장 큰 지출이 무엇이었는지만 돌아보는 습관을 만들었다고 한다. 이런 작은 행동이 반복되면서 점점 소비를 바라보는 시선이 달라졌다고 이야기한다.

돈 관리는 특별한 기술을 배우는 일이 아니라 자신의 소비를 조금 더 자주 바라보는 습관을 만드는 과정에 가깝다. 처음에는 변화가 크게 느껴지지 않을 수도 있다. 하지만 시간이 지나면서 사람들은 자신의 소비 패턴을 발견하기 시작한다. 그리고 그 순간부터 소비를 선택하는 방식도 조금씩 달라지기 시작한다. 그래서 돈 관리의 시작은 거창한 계획보다 자신의 생활 속 소비를 한 번 돌아보는 작은 행동에서 시작되는 경우가 많다.

PART 6

돈의 흐름을 읽는
사람들이 있다

1

돈이 모이는 곳에는
언제나 이유가 있다

돈이 움직이는 모습을 가만히 바라보면 흥미로운 장면이 보이기도 한다. 어떤 곳에는 사람들이 자연스럽게 모이고, 어떤 분야에는 새로운 기회가 생기기도 한다. 그런데 이런 흐름은 어느 날 갑자기 생기는 것처럼 보이지만 사실은 여러 선택이 쌓이면서 만들어진 결과인 경우가 많다. 그래서 돈의 흐름을 잘 읽는 사람들은 단순히 "지금 어디가 인기 있는가"보다 "왜 그곳으로 사람들이 움직이는가"를 먼저 생각해 보기도 한다. 같은 상황을 보면서도 누군가는 단순한 유행으로 보고 지나가지만, 누군가는 그 안에서 변화의 방향을 발견하기도 한다. 이런 차이는 특별한 능력이라기보다 돈을 바라보는 시선의 차이에서 시작되는 경우가 많다.

사람들이 모이는 곳에는 이유가 있다

돈이 모이는 장소를 자세히 살펴보면 대부분 그 나름의 배경이 존재한다. 사람들이 많이 찾는 상점이나 갑자기 인기가 높아진 서비스 역시 단순한 우연으로 만들어지지 않는다. 그 안에는 생활 방식의 변화나 사람들이 필요로 하는 새로운 요소가 숨어 있는 경우가 많다. 그래서 돈의 흐름을 이해하려는 태도에서는 겉으로 보이는 결과보다 그 배경을 먼저 살펴보려는 움직임이 나타난다.

예를 들어 어느 동네에 새로운 카페가 등장했다고 생각해 보자. 카페가 많아지는 장면으로만 보일 수도 있지만 주변 환경의 변화가 함께 나타나고 있을 가능성도 있다. 근처에 회사가 늘어났거나 유동 인구가 증가했을 수도 있고, 동네 분위기가 조금씩 달라지고 있을 수도 있다. 이런 변화들을 함께 바라보는 과정은 당장 수익을 만들기 위한 행동이라기보다 흐름을 이해하려는 관찰에 가깝다. 그러나 이런 시선이 쌓이면서 돈이 움직이는 방향을 조금 더 자연스럽게 느끼게 되는 경우가 생긴다.

기회를 발견하는 시선의 차이

같은 정보를 접했을 때 서로 다른 선택이 나타나는 이유 중 하나는 무엇을 먼저 바라보느냐에 있다. 변화가 일어나는 장면을 보면서 단순한 결과에 집중하는 흐름도 있고, 그 변화가 앞으로 어떤 방향으로 이어질지 생각하는 흐름도 나타난다. 그래서 겉으로는 같은 상황을 보고 있어도 판단의 방향은 자연스럽게 달라진다.

예를 들어 회사 주변에 작은 음식점들이 점점 늘어나는 모습을 떠올려 보자. 처음에는 식당이 많아지는 풍경 정도로 보일 수 있다. 그러나 시간이 흐르면서 주변 상권이 활발해지고 사람들이 더 많이 모이기 시작한다는 흐름이 눈에 들어오기도 한다. 이런 변화는 일상 속에서 자연스럽게 나타나는 장면이지만 그 안에는 지역의 흐름이 바뀌고 있다는 신호가 담겨 있을 수도 있다. 이런 관찰은 특별한 투자 판단이라기보다 생활 속 변화를 관심 있게 바라보는 태도에서 시작된다. 이런 시선이 반복되면서 변화 속에서 기회를 발견하는 시야도 조금씩 넓어지게 된다.

긴 흐름을 바라보는 일이 어려운 이유

많은 사람들에게 긴 흐름을 바라보는 일은 생각보다 쉽지 않다. 사람들은 보통 눈앞에서 바로 나타나는 결과에 더 쉽게 반응하기 때문이다. 가격이 갑자기 오르거나 새로운 유행이 등장하면 그 변화는 즉시 눈에 들어온다. 반면 시간이 흐르면서 천천히 나타나는 변화는 쉽게 느껴지지 않는 경우가 많다. 그래서 자연스럽게 단기적인 움직임에 더 집중하게 되기도 한다.

예를 들어 생활 속에서는 장기적인 변화보다 지금 바로 체감할 수 있는 혜택에 더 관심이 쏠리기도 한다. 할인 행사나 이벤트처럼 눈앞에서 바로 확인되는 결과가 더 쉽게 마음을 끌기 때문이다. 이런 선택 자체가 잘못된 것은 아니지만 사람들의 시선은 자연스럽게 즉각적인 만족에 더 반응하는 경향을 보인다. 이러한 심리는 소비뿐 아니라 돈의 흐름을 바라보는 방식에도 영향을 미친다.

변화를 기억하는 습관

돈의 흐름을 잘 이해하는 과정에서는 변화의 순간을 그냥 지나치지 않는 태도가 중요하게 나타난다. 어느 지역에 사람들이 갑자기 늘어나기 시작했다든지 특정 서비스가 빠르게 퍼지고 있다는 장면을 눈여겨보는 습관이 이어진다. 처음에는 단순한 변화처럼 보이지만 시간이 지나면 하나의 흐름으로 이어지는 경우도 많다. 그래서 흥미로운 변화가 보이면 간단히 기억해 두거나 가볍게 기록하는 습관이 만들어지기도 한다.

이렇게 쌓인 작은 기록들은 시간이 흐르면서 서로 연결되기 시작한다. 비슷한 변화가 반복된다는 사실이 보이기 시작하면서 이전에는 보이지 않던 흐름이 조금씩 드러난다. 이런 경험이 쌓이면서 돈이 움직이는 방향을 자연스럽게 이해하는 감각도 함께 자라난다.

선택이 쌓이면 흐름이 보인다

돈의 흐름을 읽는 사람들에게서 나타나는 공통점은 거창한 분석보다 작은 변화에 꾸준히 관심을 두는 태도에 있다. 한 번의 판단으로 모든 흐름을 알아차리는 경우는 거의 없다. 대신 여러 상황을 경험하면서 감각이 조금씩 쌓이게 된다. 그래서 새로운 변화가 나타났을 때 그 배경을 자연스럽게 떠올리게 된다.

예를 들어 뉴스나 주변에서 보이는 변화를 간단히 기록해 두는 습관이 이어질 수 있다. 특별한 목적이 아니라 흥미로운 변화들을 기억해 두는 정도의 행동이다. 시간이 지나면 이런 기록 속에서 비슷한 흐름이 반복된다는 사실이 보이기 시작한다. 사람들이 많이 모이기 시작하는 지역에서는 비슷한 변화가 먼저 나타난다는 점도 발견되기도 한다. 이런 경험이 쌓이면서 돈이 움직이는 방향을 조금 더 이해하게 된다. 돈의 흐름을 읽는 감각은 특별한 지식보다 작은 관찰과 선택이 반복되면서 만들어지는 경우가 많다.

2

작은 선택이
자산이 되는 과정

돈에 대한 큰 변화는 종종 거창한 선택에서 시작되는 것처럼 보이지만 실제로는 그렇지 않은 경우가 많다. 사람들의 재정 상황을 자세히 살펴보면 아주 작은 선택들이 오랜 시간 쌓이면서 결과를 만들어내는 경우가 많다. 그래서 돈의 흐름을 이해하는 사람들은 한 번의 결정보다 반복되는 행동에 더 관심을 두기도 한다. 어떤 선택은 그 순간에는 작고 사소하게 느껴지지만 시간이 지나면서 방향을 바꾸는 힘이 되기도 한다. 그래서 돈을 다루는 태도는 한 번의 기회보다 오랜 습관에 더 가까운 경우가 많다. 이런 차이를 이해하기 시작하면 사람들은 돈의 결과보다 그 과정을 조금 더 주의 깊게 바라보게 된다. 그리고 그 과정 속에서 작은 선택들이 자산으로 이어지는 길이 만들어지기도 한다.

작은 선택이 방향을 만든다

자산이 늘어나는 과정은 특별한 기회에서 시작된다고 생각되기 쉽다. 그러나 현실에서는 반복되는 작은 선택이 방향을 바꾸는 경우가 더 많다. 매일의 소비를 특별히 의식하지 않고 지나가는 생활도 존재하고 비슷한 상황에서도 한 번 더 생각하는 습관이 이어지는 생활도 존재한다. 이런 차이는 하루나 일주일 사이에서는 거의 드러나지 않는다. 그러나 시간이 흐르면 선택의 누적이 전혀 다른 결과를 만들어 내기도 한다.

예를 들어 일상에서 반복되는 소비 중 하나인 커피 구매를 떠올려 볼 수 있다. 처음에는 작은 금액이라 크게 신경 쓰이지 않을 수 있다. 그러나 한 달의 소비 내역을 정리해 보면 예상보다 큰 금액이 특정 소비에 사용되고 있었다는 사실이 드러나기도 한다. 이후 소비 방식을 조금 조정해 일주일에 몇 번만 구매하는 방식으로 바꾸는 선택이 이루어질 수 있다. 이 변화는 매우 작은 결정처럼 보이지만 시간이 지나면서 다른 소비를 바라보는 기준까지 함께 바꾸는 계기가 되기도 한다. 이런 경험은 작은 선택이 생활의 방향을 바꿀 수 있다는 사실을 자연스럽게 보여 준다.

기회를 바라보는 행동의 차이

돈의 흐름을 이해하려는 태도에서는 특별한 순간만 기다리지 않는다. 대신 일상 속에서 반복되는 선택을 조금 더 의식적으로 바라보는 흐름이 나타난다. 모든 선택이 자산으로 이어지는 것은 아니지만 어떤 선택은 시간이 지나면서 예상하지 못한 결과를 만들어 내기도 한다. 그래서 눈앞의 만족만 바라보기보다 그 선택이 이어질 방향을 함께 생각해 보려는 태도가 만들어진다.

예를 들어 새로운 전자제품이 출시될 때마다 바로 교체하는 생활 방식이 이어질 수도 있다. 최신 제품을 빠르게 사용하는 즐거움은 분명한 만족을 준다. 그러나 같은 상황에서 기기를 오래 사용하는 대신 남는 금액을 따로 모아 두는 선택이 이루어지기도 한다. 처음에는 두 방식의 차이가 크게 느껴지지 않을 수 있다. 하지만 몇 년의 시간이 지나면 돈을 바라보는 기준과 생활의 기준이 조금씩 달라지기 시작한다. 이런 변화는 특별한 지식에서 시작되는 것이 아니라 선택을 바라보는 태도에서 자연스럽게 만들어진다.

시간이 선택의 가치를 만든다

작은 선택이 자산으로 이어지는 과정에는 시간이 중요한 역할을 한다. 어떤 선택은 바로 결과가 보이지 않기 때문에 쉽게 지나쳐지기도 한다. 그래서 사람들은 즉시 만족을 주는 선택을 더 중요하게 느끼기도 한다. 그러나 시간이 흐르면서 반복된 행동은 점점 다른 의미를 가지기 시작한다. 그때 비로소 작은 선택이 생각보다 큰 영향을 만들었다는 사실이 드러나기도 한다.

예를 들어 매달 작은 금액이라도 꾸준히 저축하는 습관을 떠올려 볼 수 있다. 처음에는 그 금액이 너무 작아서 큰 의미가 없다고 느껴질 수도 있다. 그러나 중요한 것은 금액보다 반복되는 습관이다. 시간이 지나면서 저축의 규모는 자연스럽게 커지고 무엇보다 돈을 바라보는 태도 자체가 달라지기 시작한다. 이런 경험은 시간이 선택의 가치를 바꾸는 힘을 가지고 있다는 사실을 보여 준다.

작은 차이가 격차를 만든다

사람들의 자산 격차는 종종 큰 사건에서 시작된 것처럼 보인다. 그러나 실제로는 오랜 시간 동안 반복된 선택의 차이가 결과를 만들어 내는 경우가 많다. 일상 속 변화에 관심을 두고 작은 행동을 이어 가는 생활도 있고 같은 상황을 특별히 의식하지 않고 지나가는 생활도 존재한다. 이러한 차이는 처음에는 거의 보이지 않는다.

예를 들어 새로운 변화나 기회를 발견했을 때 작은 시도를 이어

가는 생활이 있을 수 있다. 반대로 같은 장면을 특별한 의미 없이 지나가는 생활도 존재한다. 시간이 흐르면서 두 흐름은 점점 다른 경험을 만들어 낸다. 여러 시도를 통해 돈의 흐름을 이해하는 감각이 조금씩 쌓이기도 하고 같은 소비 패턴이 계속 반복되기도 한다. 이런 차이는 특별한 능력에서 시작되는 것이 아니라 작은 선택이 오랜 시간 이어지면서 만들어지는 결과이다. 그래서 돈의 흐름을 읽는 태도에서는 거대한 기회보다 반복되는 선택의 방향을 더 중요하게 바라보게 된다.

3

돈이 모이는 사람들의
장기적인 시선

　돈을 바라보는 방식에는 사람마다 조금씩 다른 습관이 있다. 어떤 사람은 지금 눈앞에서 벌어지는 변화에 더 집중하고, 어떤 사람은 시간이 지나면서 나타날 결과를 먼저 떠올리기도 한다. 이런 차이는 단순히 성격의 차이라기보다 돈의 흐름을 바라보는 시선에서 시작되는 경우가 많다. 그래서 돈이 모이는 사람들의 이야기를 들어 보면 특별한 기술보다 생각하는 방향이 조금 다르다는 말을 자주 하기도 한다. 그들은 빠른 결과보다 긴 흐름을 먼저 떠올리는 경우가 많다. 그래서 지금의 선택이 시간이 지나면 어떤 모습이 될지를 조용히 상상해 보기도 한다. 이런 태도는 거창한 계획이라기보다 작은 판단이 쌓이면서 만들어지는 시선에 가깝다.

지금보다 시간이 만드는 변화를 생각한다

돈을 다루는 방식에서 장기적인 시선이 중요하다는 이야기는 자주 들을 수 있다. 그러나 실제 생활에서는 긴 시간을 기준으로 판단하기가 생각보다 쉽지 않다. 사람들의 판단은 대부분 지금의 상황을 중심으로 이루어지기 때문이다. 눈앞에서 바로 결과가 나타나는 일에는 쉽게 반응하지만 시간이 지나야 나타나는 변화는 잘 느껴지지 않는 경우가 많다. 그래서 긴 흐름을 바라보는 시선에서는 당장의 결과보다 시간이 지나면서 만들어질 변화를 먼저 떠올리게 된다.

예를 들어 매달 일정한 금액을 꾸준히 모아 가는 습관을 떠올려 볼 수 있다. 처음에는 금액이 크지 않기 때문에 눈에 띄는 변화가 느껴지지 않을 수 있다. 그러나 중요한 요소는 금액보다 반복되는 시간이다. 같은 행동이 계속 이어지면 어느 순간 변화가 눈에 보이기 시작한다. 몇 년이 흐르면서 처음에는 작게 느껴지던 금액이 점점 의미 있는 규모로 변하는 장면이 나타난다. 이런 경험은 시간이 돈의 흐름에서 얼마나 중요한 요소인지 자연스럽게 보여 준다.

단기적인 변화에 흔들리는 이유

긴 흐름을 바라보는 일이 어려운 이유 중 하나는 단기적인 변화가 훨씬 눈에 잘 들어오기 때문이다. 가격이 갑자기 오르거나 새로운 유행이 등장하면 그 변화는 빠르게 주목을 받는다. 이런 움직임은 짧은 시간 안에 결과가 나타나기 때문에 사람들의 관심을 쉽게 끌어당

긴다. 그래서 많은 경우 장기적인 흐름보다 지금의 변화에 더 집중하게 된다.

예를 들어 특정 분야가 갑자기 주목을 받기 시작했다는 소식을 접했을 때 관심이 크게 쏠리는 장면이 나타날 수 있다. 그러나 돈의 흐름을 길게 바라보는 시선에서는 조금 다른 질문이 떠오른다. 지금의 관심이 일시적인 흐름인지, 아니면 시간이 지나면서 계속 이어질 변화인지 생각해 보는 것이다. 이런 질문은 바로 답을 얻기 어려울 수도 있다. 하지만 이런 생각을 반복하다 보면 변화의 방향을 조금 더 차분하게 바라보는 감각이 만들어진다.

선택은 시간이 지나며 의미를 가진다

장기적인 시선을 가진 생활에서는 한 번의 선택이 모든 것을 바꾸지 않는다는 사실을 자연스럽게 이해하게 된다. 대신 작은 행동이 반복되면서 방향이 만들어진다는 점에 더 주의를 기울이게 된다. 그래서 특별한 기회를 기다리기보다 일상 속 선택을 조금 더 신중하게 바라보는 태도가 나타난다. 어떤 선택은 그 순간에는 작고 평범하게 느껴질 수 있다. 그러나 시간이 지나면서 그 선택이 전혀 다른 의미를 가지는 경우도 생겨난다.

예를 들어 물건을 구매하기 전 잠시 시간을 두고 생각하는 습관을 떠올려 볼 수 있다. 즉시 결정을 내리기보다 며칠 정도 지나서 다시 필요성을 확인하는 방식이다. 처음에는 단순한 소비 습관처럼 보일 수 있지만 시간이 흐르면서 지출 방식이 점점 달라지기 시작한다. 필요하지 않은 소비가 자연스럽게 줄어들면서 돈의 흐름 역시 함께 달라진다. 이런 변화는 거대한 결정이 아니라 반복되는 작은 선택에서 시작되는 경우가 많다.

기다림을 이해하는 시선

장기적인 시선을 가진 태도에서는 기다림을 특별한 시간으로 바라보는 경향이 나타난다. 많은 사람들에게 기다림은 답답한 시간처럼 느껴질 수 있다. 그러나 긴 흐름을 바라보는 시선에서는 그 시간을 자연스러운 과정으로 받아들이는 경우가 많다. 어떤 변화는 준비되는 시간이 필요하다는 사실을 이해하기 때문이다. 그래서 결과가 바로 나타나지 않더라도 선택을 이어 가는 태도가 유지되기도 한다.

이러한 태도는 조급함을 줄이고 판단을 조금 더 차분하게 만들어 준다. 시간이 지나면서 작은 변화들이 서서히 쌓여 나타나는 순간을 경험하게 되면 기다림의 의미도 조금씩 달라지기 시작한다. 그래서 돈의 흐름을 길게 바라보는 시선에서는 결과를 서두르기보다 시간이 만들어 내는 변화를 조금 더 믿는 태도가 나타난다.

긴 시선을 가진 사람들의 공통점

돈이 자연스럽게 모이는 흐름을 살펴보면 하나의 공통된 특징이 드러난다. 빠르게 결과를 만들어 내기보다 시간을 활용하는 선택을 더 중요하게 생각하는 태도이다. 지금의 상황보다 앞으로 이어질 가능성을 먼저 떠올리는 습관이 이어진다. 이런 태도는 특별한 능력이라기보다 돈을 바라보는 생활 방식에 가깝다.

예를 들어 새로운 일을 시작할 때 당장의 수익보다 경험이 쌓일 가능성을 함께 바라보는 선택이 나타날 수 있다. 처음에는 눈에 보이는 변화가 크지 않을 수 있다. 그러나 시간이 지나면서 그 경험이 다른 기회로 이어지는 장면이 나타나기도 한다. 이런 생각이 반복되면 선택의 기준도 조금씩 달라진다. 지금의 결과보다 시간이 흐른 뒤 어떤 모습이 될지를 떠올리는 질문이 자연스럽게 이어지면서 돈의 흐름을 보다 길게 바라보는 시선이 만들어진다.

4

격차는
어떻게 만들어지는가

돈의 격차는 종종 어느 날 갑자기 생긴 것처럼 보이기도 한다. 어떤 사람은 빠르게 자산이 늘어나는 것처럼 보이고, 어떤 사람은 같은 시간 동안 큰 변화가 없는 것처럼 느껴지기도 한다. 그래서 사람들은 그 차이가 특별한 기회나 운에서 시작되었다고 생각하기도 한다. 하지만 조금 더 자세히 살펴보면 그 격차는 대개 오랜 시간 동안 반복된 선택의 차이에서 만들어지는 경우가 많다. 돈의 흐름을 바라보는 시선이 다르면 같은 상황에서도 다른 행동을 하게 되고, 그 행동이 시간이 지나면서 서로 다른 방향을 만들기도 한다. 그래서 돈의 차이는 단순히 수입의 차이보다 돈을 바라보는 태도에서 시작되는 경우가 많다. 이런 이유로 돈의 흐름을 이해하려는 사람들은 결과보다 선택의 과정을 더 주의 깊게 바라보기도 한다.

같은 상황에서도 다른 선택이 시작된다

돈과 관련된 상황을 마주할 때 처음에는 큰 차이가 보이지 않을 수 있다. 비슷한 수입과 비슷한 생활 환경 속에서 하루의 흐름이 이어지는 경우도 많다. 그러나 시간이 지나면서 서로 다른 결과가 서서히 나타나기 시작한다. 이런 변화는 특별한 사건보다 평소의 선택에서 시작되는 경우가 많다. 소비와 지출을 바라보는 태도에서 작은 차이가 생기면 그 선택이 반복되면서 방향도 달라진다.

예를 들어 비슷한 생활을 이어 가는 두 흐름을 떠올려 볼 수 있다. 한쪽에서는 남는 금액을 조금씩 따로 모아 두는 습관이 이어지고, 다른 흐름에서는 여유가 생길 때마다 새로운 물건이나 여가 활동에 자연스럽게 사용되는 모습이 나타날 수 있다. 처음 몇 달 동안에는 두 생활 사이에 큰 차이가 보이지 않는다. 그러나 몇 년이 지나면 돈을 바라보는 감각과 선택의 방식이 조금씩 달라지기 시작한다. 이런 변화는 특별한 사건이 아니라 반복되는 작은 행동이 쌓이면서 만들어진 결과이다.

기회를 바라보는 시선이 다르다

돈의 격차가 만들어지는 또 하나의 이유는 변화를 바라보는 시선에서 나타난다. 같은 장면을 바라보면서도 그 안에서 가능성을 발견하는 흐름이 있는가 하면 단순한 변화로 받아들이고 지나가는 흐름도 존재한다. 이러한 차이는 특별한 지식보다 무엇을 먼저 떠올리는 습관에서 시작되는 경우가 많다.

예를 들어 어느 동네에 새로운 상점과 카페가 점점 늘어나는 모습을 떠올려 볼 수 있다. 단순히 가게가 많아졌다는 풍경으로 보일 수도 있지만 사람들이 이 지역으로 조금씩 모이고 있다는 변화로 보이기도 한다. 이런 장면을 보면서 주변의 흐름을 조금 더 관심 있게 바라보는 태도가 이어지기도 한다. 이런 관찰은 바로 수익을 만들기 위한 행동이라기보다 변화의 방향을 이해하려는 습관에 가깝다. 하지만 이런 시선이 반복되면 생활 속 변화가 만들어 내는 흐름을 조금 더 빠르게 느끼게 된다.

시간이 차이를 키운다

격차가 커지는 과정에는 항상 시간이 함께한다. 어떤 선택은 그 순간에는 거의 차이가 보이지 않는다. 그래서 작은 행동이 큰 결과를 만들 수 있다는 사실이 쉽게 느껴지지 않을 수도 있다. 그러나 시간이 흐르면서 반복된 선택은 서로 다른 방향을 만들어 낸다. 그때 처음에는 보이지 않던 차이가 점점 커지고 있다는 사실이 드러난다.

예를 들어 생활 속에서 꾸준히 새로운 경험을 쌓는 선택이 이어질수 있다. 처음에는 그 변화가 눈에 띄지 않을 수도 있다. 그러나 시간이 지나면 그 경험이 또 다른 기회로 이어지면서 새로운 길이 열리기도 한다. 반대로 아무런 변화 없이 같은 생활이 반복되면 상황 역시 크게 달라지지 않는다. 이런 차이는 한 번의 결정이 아니라 시간 속에서 쌓인 선택의 결과이다. 그래서 자산의 격차는 어느 순간 갑자기 생기기보다 오랜 시간 동안 조금씩 만들어지는 경우가 많다.

긴 흐름을 보는 태도가 결과를 바꾼다

돈의 흐름을 이해하려는 시선에서는 단기적인 결과에만 집중하지 않는다. 지금의 선택이 시간이 지나면 어떤 방향으로 이어질지 함께 떠올리는 태도가 나타난다. 이런 생각은 처음에는 특별한 변화처럼 보이지 않을 수 있다. 그러나 시간이 흐르면서 선택의 방향이 조금씩 달라지기 시작한다. 그래서 돈이 모이는 흐름을 살펴보면 장기적인 시선을 중요하게 여기는 태도가 자주 나타난다.

새로운 기회를 선택할 때 눈앞의 수익보다 앞으로 이어질 가능성을 함께 생각하는 흐름이 나타나기도 한다. 처음에는 그 선택이 느리게 보일 수도 있다. 그러나 시간이 지나면 그 경험이 또 다른 기회로 이어지며 새로운 길을 만들기도 한다. 이런 선택이 반복되면서 돈의 흐름을 바라보는 시선도 점점 길어지게 된다. 그래서 격차는 한 번의 기회로 만들어지기보다 오랜 시간 동안 이어진 선택의 방향에서 서서히 형성된다.

5

돈의 흐름을 이해하면
선택이 달라진다

돈의 흐름을 이해한다는 말은 거창한 분석을 의미하는 것처럼 들릴 수도 있다. 하지만 실제로는 일상 속에서 반복되는 변화와 선택을 조금 더 주의 깊게 바라보는 태도에 가까운 경우가 많다. 같은 상황을 보면서도 어떤 사람은 단순한 사건으로 지나가고, 어떤 사람은 그 안에서 방향을 발견하기도 한다. 이런 차이는 특별한 능력이라기보다 무엇을 먼저 생각하느냐에서 시작되는 경우가 많다. 그래서 돈의 흐름을 이해하는 사람들은 눈앞의 결과보다 변화가 만들어지는 과정을 먼저 살펴보기도 한다. 그들은 어떤 일이 일어났는지보다 왜 그런 일이 생겼는지를 생각해 보기도 한다. 이런 습관이 반복되면서 사람들은 점점 선택의 기준이 달라지기도 한다.

변화를 바라보는 시선이 달라진다

돈의 흐름을 이해하기 시작하면 가장 먼저 달라지는 것은 변화를 바라보는 시선이다. 이전에는 단순한 사건처럼 보이던 일도 조금 다른 의미로 보이기 시작한다. 변화가 나타났을 때 그 배경과 이유를 자연스럽게 떠올리게 되기 때문이다. 그래서 같은 상황을 바라보면서도 선택의 방향이 달라지는 장면이 나타난다.

예를 들어 어느 골목의 상권이 조금씩 달라지는 모습을 떠올려 볼 수 있다. 예전에는 작은 식당들이 중심이던 공간에 새로운 가게들이 하나둘 들어오기 시작한다. 처음에는 단순한 변화처럼 보일 수 있지만 시간이 흐르면서 사람들이 그 지역으로 점점 모이고 있다는 흐름이 느껴지기도 한다. 이런 장면을 경험하면 주변의 변화에 대한 관심이 자연스럽게 커지기 시작한다. 이러한 경험은 돈의 흐름을 바라보는 시선이 어떻게 달라질 수 있는지를 보여 주는 하나의 과정이 된다.

기회를 발견하는 순간이 달라진다

돈의 흐름을 이해하려는 태도에서는 기회를 바라보는 방식도 조금씩 달라진다. 기회가 특별한 사건처럼 등장한다고 생각하는 시선도 있지만 작은 변화 속에서 가능성이 보이기도 한다. 눈에 띄는 결과보다 변화가 어떤 방향으로 이어질지를 먼저 떠올리는 시선이 만들어지기 때문이다.

예를 들어 새로운 서비스나 가게가 등장하는 장면을 바라볼 때 단순히 편리함만 느껴질 수도 있다. 그러나 그 변화가 왜 생겼는지 궁금해지는 순간도 나타난다. 사람들이 그곳을 찾는 이유가 무엇인지, 생활 방식이 어떻게 달라지고 있는지 생각하게 되는 것이다. 이런 질문은 바로 답을 찾지 못할 수도 있다. 하지만 이런 생각이 반복되면서 변화 속에서 기회를 바라보는 감각이 조금씩 자라난다.

질문이 선택의 방향을 바꾼다

돈의 흐름을 이해하려는 과정에서는 자연스럽게 질문이 떠오르기 시작한다. 새로운 변화가 나타났을 때 결과만 받아들이는 것이 아니라 그 변화가 왜 생겼는지를 생각하게 된다. 사람들이 특정 공간이나 서비스에 갑자기 관심을 보이기 시작했다면 그 배경에 어떤 이유가 있는지 궁금해지는 것이다. 이런 질문은 즉시 답을 주지 않을 수도 있지만 생각의 방향을 넓혀 준다.

같은 장면을 보더라도 어떤 질문을 떠올리느냐에 따라 바라보는 시선이 달라진다. 작은 질문이 반복되면 변화의 흐름을 조금 더 깊이 이해하게 된다. 이러한 과정은 특별한 분석이 아니라 생활 속에서 이어지는 자연스러운 사고 방식에 가깝다. 질문이 쌓일수록 선택의 기준도 조금씩 달라지기 시작한다.

시간을 바라보는 태도가 달라진다

돈의 흐름을 이해하는 과정에서는 시간에 대한 생각도 달라지기 시작한다. 많은 선택은 눈앞에서 바로 결과가 나타나는 기준으로 이루어진다. 즉각적인 변화는 쉽게 이해되고 바로 체감되기 때문이다. 반면 시간이 지나야 나타나는 결과는 그 순간에는 잘 보이지 않는다. 그래서 긴 시간을 기준으로 판단하기가 쉽지 않다.

예를 들어 매달 일정한 금액을 꾸준히 모으는 습관을 떠올려 볼 수 있다. 처음에는 그 금액이 작아서 큰 의미가 느껴지지 않을 수 있다. 그러나 시간이 반복되면서 그 행동은 점점 다른 결과를 만들어 낸다. 몇 년의 시간이 지나면 작은 습관이 예상보다 큰 변화를 만들기도 한다. 이런 경험은 시간이 선택의 가치를 바꿀 수 있다는 사실을 자연스럽게 보여 준다.

선택의 기준이 점점 분명해진다

돈의 흐름을 이해하려는 태도에서는 선택을 할 때 떠올리는 질문도 조금씩 달라진다. 지금의 상황만 바라보는 것이 아니라 이 선택이 앞으로 어떤 방향으로 이어질지를 함께 생각하게 된다. 이런 질문은 처음에는 특별한 차이를 만들지 않는 것처럼 보일 수 있다. 그러나 시간이 흐르면서 선택의 방향은 조금씩 달라지기 시작한다.

새로운 일을 시작할 때 눈앞의 수익보다 경험과 가능성을 함께 바라보는 시선이 나타날 수 있다. 처음에는 그 길이 느리게 보일 수도 있다. 그러나 시간이 흐르면서 그 경험이 또 다른 기회로 이어지는 장면이 나타난다. 이런 선택이 반복되면 돈의 흐름을 바라보는 시선도 점점 길어지게 된다. 그래서 돈의 흐름을 이해한다는 것은 단순한 정보의 문제가 아니라 선택의 기준이 달라지는 과정이라고 볼 수 있다.

돈의 심리학
사람들은 왜 긴 시간을 기다리기 어려울까

사람들이 돈과 관련된 선택을 할 때 자주 나타나는 특징 중 하나는 기다리는 일이 생각보다 어렵다는 점이다. 많은 사람들은 미래의 결과보다 지금 느껴지는 만족에 더 쉽게 마음이 움직이곤 한다. 그래서 어떤 선택이 시간이 지나면 더 좋은 결과를 만들 수 있다는 사실을 알면서도 당장의 편안함이나 즐거움에 더 끌리기도 한다. 이런 모습은 특별한 사람에게만 나타나는 것이 아니라 대부분의 사람들이 일상 속에서 자연스럽게 경험하는 심리이기도 하다. 그래서 돈의 문제를 이해하려면 먼저 사람들이 왜 기다리는 선택을 힘들어하는지 살펴볼 필요가 있다.

먼저 사람들은 눈앞에서 바로 느껴지는 보상을 더 크게 받아들이는 경향이 있다. 예를 들어 어떤 물건을 사지 않고 돈을 남겨 두는 선택은 미래를 위한 행동이지만 그 순간에는 눈에 보이는 변화가 거의 없다. 반대로 지금 바로 물건을 사면 만족감이 바로 느껴진다. 그래서 많은 사람들은 장기적인 선택이 더 좋다는 사실을 알면서도 순간적인 만족을 선택하기도 한다. 예를 들어 쇼핑을 하다가 할인이라는 문구를 보면 계획에 없던 물건을 사게 되는 경우가 있다. 집에 돌아온 뒤에는 꼭 필요하지 않았다는 생각이 들기도 하지만 그 순간에는 할인이라는 이유만으로 구매를 결정하기도 한다. 이런 경험은 많은 사람들이 한 번쯤 겪어 본 일일 것이다.

또 사람들은 미래의 변화를 상상하는 일을 어렵게 느끼기도 한다. 지금의 선택이 몇 년 뒤 어떤 결과를 만들지 정확하게 떠올리기 쉽지 않기 때문이다. 그래서 먼 미래의 이익보다 지금의 상황을 기준으로 판단하는 경우가 많다. 예를 들어 어떤 사람은 매달 조금씩 돈을 모아 두면 나중에 큰 도움이 될 것이라는 사실을 알고 있다. 하지만 그 결과가 바로 눈에 보이지 않기 때문에 어느 순간 저축을 미루게 되기도 한다. 대신 지금 필요한 물건을 먼저 사거나 작은 소비를 선택하게 된다. 이런 행동은 미래를 무시해서라기보다 지금의 생활이 더 선명하게 느껴지기 때문에 나타나는 경우가 많다.

여기에 또 하나의 이유가 더해지기도 한다. 요즘은 많은 일이 빠르게 이루어지고 결과도 금방 확인되는 환경 속에서 살아가고 있기 때문이다. 스마트폰으로 주문한 물건이 하루 만에 도착하기도 하고, 새로운 정보도 바로 확인할 수 있다. 이런 환경에 익숙해지다 보면 자연스럽게 결과도 빠르게 나타나기를 기대하게 된다. 그래서 시간이 오래 걸리는 변화는 답답하게 느껴지기도 한다. 하지만 돈의 흐름은 대부분 천천히 움직이는 경우가 많다. 그래서 빠른 결과에 익숙해진 생활 속에서 긴 시간을 기다리는 선택이 더 어렵게 느껴지기도 한다.

또 다른 이유는 사람들이 반복되는 작은 선택의 힘을 쉽게 느끼지 못하기 때문이다. 하루의 소비는 대부분 작고 평범해 보인다. 커피 한 잔이나 간단한 간식처럼 큰 부담이 없는 지출도 많다. 그래서 그런 소비는 별다른 고민 없이 지나가기도 한다. 하지만 이런 선택이 매일 반복되면 시간이 지나면서 생각보다 큰 금액이 되기도 한다. 예를 들어 어떤 사람은 하루에 한 번씩 카페에 들르는 습관이 있었다. 처음에는 작은 지출이라고 생각했지만 몇 달 동안의 소비를 정리해 보니 예상보다 많은 돈이 사용되었다는 사실을 알게 되었다. 이런 경험을 통해 사람들은 작은 선택이 쌓이면 결과가 달라질 수 있다는 사실을 조금씩 깨닫기도 한다.

또 사람들은 기다리는 과정에서 불확실함을 느끼기도 한다. 시간이 지나면 더 좋은 결과가 올 것이라고 생각해도 그 결과가 확실하게 보장되는 것은 아니기 때문이다. 그래서 많은 사람들은 확실하게 느껴지는 지금의 선택을 더 안전하게 생각하기도 한다. 예를 들어 어떤 사람은 돈을 모아 두기보다 지금 필요한 물건을 사는 것이 더 현실적인 선택이라고 느낄 수 있다. 반면 어떤 사람은 시간이 지나면서 만들어질 가능성을 믿고 조금 더 기다리는 선택을 하기도 한다. 이런 차이는 돈의 지식보다 시간과 선택을 바라보는 태도에서 시작되는 경우가 많다.

그래서 돈의 심리를 이해하려는 사람들은 스스로에게 한 가지 질문을 해보기도 한다. 지금의 만족과 시간이 지나서 나타날 결과 중에서 어떤 것을 더 중요하게 생각하고 있는지 돌아보는 것이다. 이런 질문은 바로 행동을 바꾸지는 않을 수도 있다. 하지만 이런 생각이 반복되면 사람들은 조금씩 선택을 바라보는 방식이 달라지기도 한다. 그래서 긴 시간을 기다리는 능력은 특별한 기술이라기보다 돈을 바라보는 습관이 만들어지는 과정에 가깝다고 말할 수 있다.

많은 사람들이 돈을 관리하거나 자산을 만드는 일을 어렵게 느끼는 이유도 여기에 있다. 큰 결정을 내리는 일보다 매일의 작은 선택을 꾸준히 이어가는 일이 더 어렵기 때문이다. 하지만 사람들이 자신의 소비 습관을 조금씩 이해하기 시작하면 선택의 기준도 조금씩 달라지기 시작한다. 그리고 이런 변화는 어느 순간 갑자기 나타나는 것이 아니라 아주 작은 행동이 반복되면서 만들어지는 경우가 많다. 그래서 돈과 관련된 긴 시간의 결과는 특별한 순간보다 일상 속 선택의 방향에서 시작되는 경우가 많다.

부록

돈의 선택이 달라지는 생활 속 이야기들

1
—

할인 문구 하나가
지갑을 열게 만드는 순간

퇴근길에 마트에 들른 한 사람이 있었다. 원래는 우유와 간단한 간식만 사려고 했기 때문에 장바구니도 작은 것을 하나 집어 들었다. 그런데 매장 입구를 지나가는 순간 커다란 빨간색 안내판이 눈에 들어왔다. "오늘 하루만 40% 할인." 평소보다 훨씬 저렴한 가격이라는 문구가 붙어 있는 순간 발걸음이 잠깐 멈춘다. 원래는 살 생각이 없던 물건이지만 할인이라는 말을 보는 순간 왠지 지금 사야 할 것 같은 느낌이 생긴다.

조금만 생각해 보면 꼭 필요한 물건은 아니다. 집에 비슷한 물건이 이미 있을 수도 있고 당장 사용하지 않아도 되는 물건일 수도 있다. 그런데 할인이라는 문구는 묘하게 마음을 흔든다. 지금 사지 않으면 손해를 보는 것 같은 느낌이 들기 때문이다. 그래서 많은 사람들은 장바구니에 그 물건을 슬쩍 넣어 본다. 처음에는 하나만 넣었지만 매장을 돌아다니면서 또 다른 할인 표시가 보이면 장바구니에 물건이 하나씩 늘어나기도 한다.

계산대에 도착했을 때 영수증에 찍힌 금액을 보면 생각보다 금액이 커져 있는 경우도 있다. 원래 사려고 했던 물건보다 할인 상품이 더 많아지는 경우도 있다. 그런데 집에 돌아와 물건을 정리하다 보면 문득 이런 생각이 떠오르기도 한다. "정말 필요해서 산 걸까, 아니면 할인이라는 말 때문에 산 걸까." 이런 경험은 많은 사람들이 한 번쯤 겪어 본 일이다.

할인이라는 말은 사람들에게 특별한 느낌을 준다. 같은 물건이라도 가격이 내려갔다는 사실을 보는 순간 지금 사는 것이 더 현명한 선택처럼 느껴지기 때문이다. 그래서 할인이라는 단어는 사람들의 선택을 빠르게 움직이게 만들기도 한다. 원래 계획했던 소비와는 다른 방향으로 지갑이 열리는 순간이 바로 이런 장면에서 만들어진다.

하지만 시간이 지나면 이런 선택이 어떤 결과로 이어지는지 조금씩 보이기도 한다. 계획하지 않았던 소비가 반복되면 통장에 남아 있어야 할 돈이 생각보다 빨리 줄어들기도 한다. 반대로 어떤 사람은 할인이라는 문구를 보더라도 잠깐 멈추고 한 가지 질문을 스스로에게 던지기도 한다. 정말 필요한 물건인지, 아니면 단지 저렴해 보이기 때문에 사고 싶은 것인지 생각해 보는 것이다.

이처럼 할인이라는 문구 하나에도 사람들의 선택은 조금씩 달라진다. 어떤 사람에게는 단순한 가격 안내일 뿐이지만, 어떤 사람에게는 계획을 바꾸게 만드는 신호가 되기도 한다. 그래서 돈의 흐름은 거창한 투자나 큰 결정에서만 만들어지는 것이 아니라 이렇게 평범한 장면 속에서도 조금씩 달라지기 시작한다.

2

매일 마시는 커피가 어느 날
숫자로 보이기 시작했다

아침 출근길에 카페에 들르는 것은 어느새 자연스러운 습관이 되어 있었다. 회사 근처에 있는 작은 카페에서 따뜻한 커피 한 잔을 사들고 출근하는 시간이 하루의 시작처럼 느껴졌다. 특별히 큰돈이 들어가는 것도 아니고 하루를 시작하는 작은 여유처럼 느껴졌기 때문에 별다른 고민 없이 반복되던 행동이었다.

어느 날도 평소와 다르지 않았다. 출근길에 카페에 들러 커피를 주문하고 익숙한 자리에 서서 잠시 기다렸다. 그런데 계산을 하면서 문득 이런 생각이 스쳐 지나갔다. "이 커피를 얼마나 자주 마시고 있을까." 처음에는 대수롭지 않게 지나가는 생각이었지만 그날 저녁 집에 돌아와 문득 계산기를 한 번 두드려 보게 되었다.

하루에 한 잔씩 마시는 커피의 가격을 떠올려 보니 생각보다 숫자가 커지기 시작했다. 하루의 금액은 가볍게 느껴졌지만 한 달로 계산해 보니 꽤 눈에 띄는 금액이 되었고, 1년이라는 시간을 더해 보니 예상보다 훨씬 큰 숫자가 만들어졌다. 그 순간까지는 그저 작은 습관이라고 생각했던 행동이 어느 날 갑자기 숫자로 보이기 시작한 것이다.

그 이후부터 커피를 바라보는 느낌이 조금 달라졌다. 어떤 날은 여전히 카페에 들러 커피를 사기도 했지만 어떤 날은 집에서 간단히 커피를 만들어 가지고 나오기도 했다. 또 어떤 날은 굳이 커피를 마시지 않아도 괜찮겠다는 생각이 들기도 했다. 커피를 완전히 끊은 것은 아니었지만 선택의 기준이 조금씩 달라지기 시작했다.

이 장면은 특별한 이야기가 아니다. 많은 사람들이 비슷한 경험을 한다. 매일 반복되는 작은 소비는 그 순간에는 크게 느껴지지 않지만 어느 날 숫자로 바라보는 순간 전혀 다른 느낌으로 다가오기도 한다.

그래서 어떤 사람은 여전히 같은 습관을 이어 가고, 어떤 사람은 그 습관을 조금씩 바꾸기도 한다.

돈의 흐름은 거창한 변화에서 시작되는 것이 아니라 이런 작은 장면에서 조금씩 달라지기도 한다. 평소에는 아무렇지 않게 지나가던 행동이 어느 날 숫자로 보이기 시작하면 선택의 기준도 조금씩 달라지기 시작한다. 그리고 그 작은 변화는 시간이 지나면서 생각보다 다른 결과를 만들어 내기도 한다.

3

같은 월급을 받는데
통장 잔고가 달라지는 이유

같은 회사에서 일하는 두 사람이 있었다. 두 사람은 입사 시기도 비슷했고 월급도 거의 같았다. 점심시간에는 함께 식당에 가서 밥을 먹고 퇴근 시간도 비슷했다. 겉으로 보면 두 사람의 생활은 크게 다르지 않아 보였다. 그래서 주변 사람들도 두 사람이 비슷한 생활을 하고 있을 것이라고 자연스럽게 생각했다.

하지만 어느 날 우연한 대화 속에서 두 사람의 통장 이야기로 말이 흘러갔다. 한 사람은 "요즘은 월급이 들어와도 금방 사라지는 느낌이야."라고 웃으며 이야기했다. 반면 다른 사람은 "조금씩 모이다 보니 생각보다 금액이 쌓였더라."라고 말했다. 같은 월급을 받고 같은 회사에 다니는데 통장의 모습은 조금 달라 보였다.

차이는 거창한 곳에서 시작된 것이 아니었다. 한 사람은 퇴근 후에 종종 배달 음식을 시켜 먹었고 주말에는 쇼핑몰을 구경하며 마음에 드는 물건을 하나씩 사기도 했다. 반면 다른 사람은 특별한 날이 아니면 집에서 식사를 해결하고 필요하지 않은 물건은 바로 사기보다 잠시 생각해 보는 습관이 있었다. 두 사람의 하루는 크게 다르지 않았지만 작은 선택이 조금씩 다른 방향으로 이어지고 있었다.

시간이 지나면서 그 작은 차이는 점점 눈에 보이기 시작했다. 매달 큰 차이가 나는 것은 아니었지만 몇 달이 지나자 통장의 숫자가 조금씩 달라졌다. 어느 순간 한 사람의 통장에는 예상보다 많은 금액이 쌓여 있었고 다른 사람은 늘 비슷한 금액을 유지하고 있었다. 같은 월급을 받았지만 돈이 지나간 길은 서로 달랐던 것이다.

이 장면은 특별한 이야기가 아니다. 많은 사람들이 비슷한 경험을 한다. 돈의 차이는 언제나 큰 결정에서만 만들어지는 것이 아니라 일상 속 작은 선택에서 조금씩 만들어지기도 한다. 오늘의 작은 선택

하나가 눈에 띄는 변화로 보이지 않을 수도 있지만 시간이 지나면 그 선택들이 모여 서로 다른 결과를 만들어 내기도 한다.

그래서 같은 월급을 받는 사람들 사이에서도 통장의 모습은 조금씩 달라지기 시작한다. 어떤 사람은 그 차이를 운이나 상황 때문이라고 생각하기도 하지만 조금 더 가까이 살펴보면 대부분은 생활 속에서 반복되는 작은 선택의 방향에서 시작되는 경우가 많다. 돈의 흐름은 그렇게 조용히 다른 길을 만들어 가기도 한다.

4

퇴근 후 두 시간,
어떤 사람은 쉬고 어떤 사람은 바뀐다

회사에서 하루 일을 마치고 나면 누구에게나 비슷한 시간이 찾아온다. 집으로 돌아가는 길, 저녁을 먹고 잠시 숨을 고르는 시간. 대부분의 사람들에게 그 시간은 하루의 긴장이 풀리는 순간이기도 하다. 그래서 많은 사람들은 소파에 앉아 휴대폰을 보거나 좋아하는 영상을 보며 하루의 피로를 풀기도 한다. 하루 종일 일했으니 그 정도 휴식은 당연하게 느껴지기도 한다.

어느 날 같은 팀에서 일하는 두 사람이 퇴근 후 시간을 보내는 이야기를 나누게 되었다. 한 사람은 집에 돌아오면 편하게 누워 영상을 보거나 게임을 하며 시간을 보내는 것이 가장 큰 즐거움이라고 말했다. 하루 동안 쌓인 피로를 풀기에는 그 시간이 가장 편안하다고 느끼기 때문이다.

반면 다른 사람은 퇴근 후 두 시간을 조금 다르게 사용하고 있었다. 저녁을 먹고 잠시 쉬었다가 책을 읽거나 새로운 공부를 조금씩 이어가고 있었다. 처음에는 큰 목표가 있었던 것도 아니었다. 다만 하루 중 조금이라도 스스로에게 시간을 써 보고 싶다는 생각에서 시작된 작은 습관이었다.

처음 몇 주 동안은 두 사람의 생활이 크게 달라 보이지 않았다. 다음 날 회사에 와서 일하는 모습도 크게 다르지 않았다. 하지만 시간이 조금 더 지나자 두 사람의 이야기는 조금씩 달라지기 시작했다. 한 사람은 늘 비슷한 하루를 보내고 있었고, 다른 사람은 새로운 자격증을 준비하거나 작은 기회를 이야기하기 시작했다.

퇴근 후 두 시간은 아주 긴 시간처럼 보이지 않는다. 하루 전체로 보면 짧은 순간처럼 느껴지기도 한다. 하지만 그 시간이 몇 달, 몇 년 동안 반복되면 생각보다 다른 방향으로 이어지기도 한다. 같은 하루를 살고 같은 회사를 다니고 있어도 어떤 사람은 조금씩 새로운 기회를 준비하고, 어떤 사람은 같은 자리에서 시간을 보내고 있을 수도 있다.

그래서 많은 사람들이 어느 순간 이런 질문을 떠올리기도 한다. 하루 중 가장 자유롭게 사용할 수 있는 시간은 어디에 쓰이고 있는지, 그리고 그 시간이 시간이 지나면 어떤 모습으로 돌아오게 될지 생각해 보는 것이다. 돈의 흐름도 종종 이런 시간의 선택 속에서 함께 움직이기 시작한다.

5

뉴스 한 줄에서
기회를 발견한 사람

어느 날 아침 출근길 지하철 안에서 한 사람이 휴대폰으로 뉴스를 읽고 있었다. 대부분의 사람들처럼 그 역시 여러 기사를 빠르게 넘겨보며 하루의 소식을 훑어보고 있었다. 정치 이야기, 연예 소식, 날씨 이야기까지 수많은 뉴스가 화면을 스쳐 지나갔다. 많은 사람들에게 뉴스는 그저 세상이 어떻게 돌아가는지 잠깐 확인하는 정도의 정보일 뿐이다.

그런데 그날은 평소와 조금 다른 일이 있었다. 화면을 넘기던 중 짧은 기사 하나가 눈에 들어왔다. 새로운 기술이 등장하면서 앞으로 관련 산업이 조금씩 성장할 수 있다는 내용이었다. 길지 않은 기사였고 특별히 큰 뉴스처럼 보이지도 않았다. 대부분의 사람들은 그런 기사를 읽어도 "아, 그렇구나." 하고 지나가기 쉽다.

하지만 그는 잠시 손가락을 멈추었다. 이 기술이 실제로 생활 속에서 사용된다면 어떤 변화가 생길지 잠깐 상상해 본 것이다. 그리고 관련된 기업이나 산업이 무엇인지 조금 더 찾아보기 시작했다. 처음에는 단순한 호기심이었지만 그 작은 관심은 점점 더 많은 정보를 찾아보게 만들었다.

시간이 지나면서 그는 뉴스에서 보았던 내용을 조금씩 이해하게 되었고, 어떤 변화가 앞으로 이어질 수 있는지 천천히 살펴보기 시작했다. 주변 사람들에게는 그저 스쳐 지나가는 뉴스 한 줄이었지만 그에게는 새로운 가능성을 생각해 보는 계기가 되었던 것이다.

같은 뉴스를 보더라도 사람들의 반응은 조금씩 다르다. 어떤 사람에게는 그저 지나가는 정보일 뿐이지만, 어떤 사람에게는 작은 힌트처럼 느껴지기도 한다. 물론 모든 뉴스가 기회로 이어지는 것은 아니다. 하지만 세상을 바라보는 시선이 조금 달라지면 같은 정보 속에서도 다른 생각이 시작되기도 한다.

그래서 어떤 사람들은 뉴스를 읽을 때 단순히 내용을 확인하는 데서 멈추지 않는다. 그 변화가 생활이나 산업에 어떤 영향을 줄 수 있는지 잠깐 생각해 보기도 한다. 그리고 그런 작은 생각이 반복되면서 정보는 단순한 뉴스가 아니라 새로운 가능성을 떠올리는 계기가 되기도 한다.

6

기록을 시작한 뒤
처음으로 보이기 시작한 것

소처럼 하루를 마치고 집에 돌아왔다. 특별한 일은 없었고 평소와 크게 다르지 않은 하루였다. 출근길에 커피를 사고 점심을 먹고 퇴근길에 간단한 간식을 하나 사 먹었다. 대부분의 사람들처럼 이런 작은 지출을 특별하게 생각하지 않았다. 그저 일상 속에서 자연스럽게 반복되는 생활이었기 때문이다.

하지만 어느 날 문득 이런 생각이 들었다. "나는 돈을 어디에 쓰고 있는 걸까." 특별히 큰 소비를 한 것도 아닌데 통장 잔고는 생각보다 빨리 줄어드는 느낌이 들었기 때문이다. 그래서 그는 아주 간단한 행동 하나를 시작했다. 바로 하루 동안 사용한 돈을 짧게 기록해 보는 것이었다.

처음에는 별 의미 없이 적기 시작했다. 커피 한 잔, 편의점 간식,

택시 요금 같은 것들이었다. 금액도 크지 않았고 각각의 소비를 보면 대수롭지 않은 지출처럼 보였다. 하지만 며칠이 지나고 기록이 조금씩 쌓이자 흥미로운 변화가 나타나기 시작했다. 그동안 눈에 잘 보이지 않던 소비의 흐름이 서서히 드러나기 시작한 것이다.

예를 들어 매일 습관처럼 사던 커피, 무심코 주문하던 배달 음식, 잠깐의 편의를 위해 타던 택시 같은 것들이 생각보다 자주 반복되고 있다는 사실을 알게 되었다. 그동안은 각각의 소비가 따로따로 느껴졌지만 기록을 통해 한눈에 보이기 시작하자 작은 지출들이 모여 하나의 흐름처럼 보이기 시작했다.

이때부터 선택이 조금 달라졌다. 무조건 돈을 아끼겠다는 생각이 아니라 "이건 내가 정말 원하는 소비일까."라는 질문을 한 번 더 하게 된 것이다. 어떤 소비는 그대로 유지했고 어떤 소비는 자연스럽게 줄어들었다. 중요한 것은 돈을 쓰지 않는 것이 아니라 자신이 어떤 선택을 하고 있는지 스스로 알게 되었다는 점이었다.

시간이 지나자 또 하나의 변화가 나타났다. 예전에는 돈이 어디로 사라지는지 막연하게 느껴졌다면 이제는 흐름이 조금씩 보이기 시작했다. 그리고 그 흐름을 알고 있다는 것만으로도 소비를 바라보는 마음이 달라지기 시작했다.

기록은 단순히 숫자를 적는 일이 아니라 자신의 생활을 천천히 들여다보는 과정이기도 하다. 작은 지출 하나가 어떻게 반복되는지, 어떤 소비가 습관처럼 이어지는지, 그리고 그 선택들이 어떤 생활을 만들고 있는지 조금씩 보이기 시작한다. 그렇게 사람은 돈을 관리하기 전에 먼저 자신의 선택을 이해하게 되고, 그 이해가 쌓이면서 소비의 방향도 조금씩 달라지기 시작한다.

7

작은 선택이 몇 년 뒤
전혀 다른 결과를 만든 이야기

비슷한 시기에 일을 시작한 두 사람이 있었다. 같은 회사에서 일했고 월급도 크게 다르지 않았다. 점심을 함께 먹고 퇴근길에 같은 지하철을 타고 돌아가는 평범한 직장 동료였다. 겉으로 보기에는 두 사람의 생활이 거의 비슷해 보였다.

하지만 하루의 끝에서 작은 차이가 하나 있었다. 한 사람은 퇴근 후 대부분의 시간을 휴식이나 취미로 보내며 하루를 마무리했다. 반면 다른 한 사람은 가끔 책을 읽거나 새로운 정보를 찾아보는 시간을 조금씩 만들었다. 아주 대단한 계획이 있었던 것은 아니었다. 그저 하루 중 짧은 시간 동안 작은 선택을 반복했을 뿐이었다.

처음에는 두 사람의 생활이 크게 달라 보이지 않았다. 월급도 비슷했고 생활 수준도 크게 차이가 나지 않았다. 하지만 시간이 조금씩 지나면서 차이가 서서히 나타나기 시작했다. 새로운 정보를 계속 접하던 사람은 점점 더 많은 기회를 발견하게 되었고, 어떤 선택을 해야 할지 조금 더 넓은 시야로 생각하게 되었다.

반면 다른 사람은 여전히 같은 생활을 반복하고 있었다. 특별히 잘못된 선택을 한 것은 아니었다. 다만 변화가 시작되는 작은 순간을 그냥 지나쳤을 뿐이었다. 눈에 보이지 않는 작은 선택들이 쌓이면서 두 사람의 생활 방향은 조금씩 다른 길로 이어지기 시작했다.

시간이 조금 더 지나자 작은 선택의 차이는 생활 속에서도 조금씩 나타났다. 한 사람은 돈을 쓰는 방식에서도 조금 더 생각을 하게 되었고, 어떤 소비는 줄이고 어떤 경험에는 기꺼이 돈을 쓰기 시작했다. 반면 다른 사람은 예전과 크게 달라지지 않은 소비 습관을 유지하고 있었다.

몇 년이 지나자 차이는 분명하게 나타났다. 한 사람은 새로운 일을 시작하거나 기회를 잡으며 조금씩 생활의 폭이 넓어졌고, 다른 한 사람은 여전히 비슷한 자리에서 같은 생활을 이어가고 있었다. 두 사람의 출발점은 거의 같았지만 시간이 지나면서 결과는 점점 다른 모습으로 나타났다.

주변에서 보면 그 변화는 어느 날 갑자기 생긴 것처럼 보일 수도 있다. 하지만 실제로는 매일 반복되던 아주 작은 선택들이 쌓여 만들어진 결과였다. 눈에 잘 보이지 않는 변화가 조용히 이어지다가 어느 순간 분명한 차이로 드러나기 시작한 것이다.

이 이야기는 특별한 재능이나 큰 사건을 말하는 것이 아니다. 아주 작은 선택이 반복되면서 시간이 흐르는 동안 전혀 다른 결과로 이어질 수 있다는 이야기다. 사람들은 보통 큰 결정이 인생을 바꾼다고 생각하지만 실제로는 눈에 잘 보이지 않는 작은 선택들이 더 오랜 시간 동안 삶의 방향을 만들어 가기도 한다.

돈의 흐름을 바꾸는 작은 선택들

돈이 모이는 사람들의 습관

초판 1쇄 발행 2026년 4월 30일

지은이 이성복
펴낸이 백광석
펴낸곳 다온길

출판등록 2018년 10월 23일 제2018-000064호
전자우편 baik73@gmail.com

ISBN 979-11-6508-665-7 (13320)

잘못 만들어진 책은 구입하신 서점에서 교환해 드립니다.
책값은 뒤표지에 있습니다.